说话的艺术

——这样说人人都喜欢听

李秀娟　编著

吉林摄影出版社
·长春·

图书在版编目（CIP）数据

说话的艺术 : 这样说人人都喜欢听 / 李秀娟编著
. -- 长春 : 吉林摄影出版社，2019.6
ISBN 978-7-5498-4096-0

Ⅰ. ①说… Ⅱ. ①李… Ⅲ. ①语言艺术－通俗读物
Ⅳ. ①H019-49

中国版本图书馆 CIP 数据核字（2019）第 089618 号

说话的艺术——这样说人人都喜欢听
SHUOHUA DE YISHU——ZHEYANG SHUO RENREN DOU XIHUAN TING

编　　著　李秀娟
出 版 人　孙洪军
责任编辑　王　茵
封面设计　孙绍委
开　　本　880 mm×1230 mm　1/32
字　　数　220 千字
印　　张　7
版　　次　2019 年 6 月第 1 版
印　　次　2019 年 6 月第 1 印刷

出　　版　吉林摄影出版社
发　　行　吉林摄影出版社
地　　址　长春市净月高新技术产业开发区福祉大路
　　　　　龙腾国际大厦 A 座 17 楼
　　　　　邮编：130117
网　　址　www.jlsycbs.net
电　　话　总编办：0431-81629821
　　　　　发行科：0431-81629829
印　　刷　河北飞鸿印刷有限责任公司

ISBN 978-7-5498-4096-0
定价：32.80 元

前 言

人人都有一张嘴，人人都会说话，但是说话的水平却有高有低。有的人笨嘴笨舌，不会说话，也不愿意多说。在与人沟通的时候心里紧张，手心冒汗，该说的话在嘴边就是说不出来。这样的人因为口才不好处处碰壁，总是吃亏。有的人看似口才很好，但是说话心直口快，想到什么说什么，有时候甚至口无遮拦，只图一时痛快，言语之间得罪了人还茫然不知。最终病从口入，祸从口出，因为太能说反而害了自己。

这两种人，都不是会说话的人。前者与人沟通明显不行，在社会交往中处处落在下风。后者嘴上没有把门的，属于能说不会道的那种人，反而经常因为说话惹祸。

真正会说话的人，既有伶牙俐齿，又懂得把握分寸。该说的话说起来头头是道，不该说的话三缄其口。这种人是聪明的，他们懂得说话的艺术，知道“好言一句三冬暖，恶语伤人六月寒”的道理。他们说起话来头头是道，又能滴水不漏，让人打心眼里佩服，会说话成为他们闯荡社会的一张王牌。

说话的魅力千姿百态，能说会道的到处都有。我们走进人群，只要用心倾听，就可以大有收获。在市井中，在职场里，到处都是语言的学校。

在一座城市里，有这样两家店，同时装修同时开业，店内设施大致一样，卖的商品也都大同小异。然而经营了一年之后，甲店赚得盆满钵溢，乙店则亏得一塌糊涂。

同样条件的两家店，为什么会有盈有亏呢？深究起来原因竟然很简单。原来，甲店的老板喜欢和客人闲聊，久而久之，客户的爱好便全在老板的掌握之中。当客户要为家中老人买饼干时，老板就会说：“这位太太，老年人吃这种饼干不好，您可以试试这种，这种饼干比较容易消化。”遇到带着小孩子的妈妈时，他就会说：“李妈妈，小朋友吃这种饼干很好哦！因为这种饼干添加了钙。另外，这种包装的饼干，很拿得出手，而且价格便宜，是送礼和自己食用皆适宜的上上之选。”

当他看到王先生的太太没有来时，便会问：“王先生，夫人今天怎么没来？”

“她不太舒服，头痛又发作了。”王先生回答说。

听到这个情况，甲店的老板就会像关心自己亲人般告诉王先生，头痛要注意些什么，有哪些医师不错可以去求诊，并请王先生带话给王太太，要她好好保重。最后，还不忘拿几样小点心，要王先生带回去给王太太。甲店经营得好，主要就是靠店老板经常和客户闲聊，在谈话之中了解到客户的需求，同时拉近了自己和客户的心理距离，进而使客户有一种安全感和信赖感。客户对于商家有了信赖感，同时商家也对客户的需求有着详尽的了解，这样的店，岂有不红火的道理？

中国有句老话，叫“做生意全凭一张嘴”，这话虽然有些绝对，却不无道理。在生意场上，不会说话就意味着输在了起跑线上，会说话的人在竞争中肯定比你更有优势。所以，大凡会说话的人，到了生意场上大多都能够混得风生水起。不仅生意场上是这样，在其他一些场合，会说话的人也通常更吃香。

所以，事业上做得比较成功的人，大都掌握了会说话的艺术。也许他们一开始并不太会说话，但在长年累月的锻炼中，慢慢学会了这门艺术。假如要举行一场比赛，选出一个世界上最会说话的人，那场面肯定会热闹得很。当然了，世界上会说话的人不计其数，也未必非要弄出个排行榜不可。只要能在最恰当的场合说出最恰当的话，你就学会了说话的艺术。

编著者

2018 年 8 月

目 录

第一章 赞美是沟通你我的桥梁

赞美需要合理把握尺度

列宁说："真理向前跨越一步就是谬误。"任何事都是这样的。适度的赞美，会使人心情舒畅；反之，则使人十分尴尬。为了使赞美达到应有的而不是相反的效果，合理把握赞美的"度"就成为赞美者必须重视的问题。

1. 频率适中

这里的频率是指相对时间内对一个对象赞扬的次数。次数太少，起不到应有的作用；次数太多，也会削弱应有的效果。而赞扬的频率是否适中，是以受赞扬者优良行为的进展程度为尺度的。如果被赞扬者的优良行为同赞扬的频率成正比，则说明赞扬的频率是适度的；如果呈现反比的现象，则说明赞扬的频率过高，已经到了"滥施"的程度。

2. 要有前瞻性和预见性

赞美不仅要符合眼前的实际，而且要高瞻远瞩，具有一定的前瞻性和预见性。那样才能提升你赞美的高度，使你的赞美经得起推敲和时间的考验。

有些东西具有相对稳定性，比如人的容貌、性格、习惯等。这方面比较容易称赞。而有些东西则不稳定，如人的行为、成绩、思想、态度等，若从长远考虑，赞美时要谨慎。如有些人入小组之前各方面表现都很积极，领导便开始称赞他：“该同志一直……”有经验的人就会想，先别夸那个，慢慢儿看吧。果然，他入小组之后，各方面就开始松懈了。人迫于某种压力或某种需求，做一件好事很容易，难的是一辈子都做好事。如果赞美人时仅限于就事论事，极易犯目光短浅的错误。

3. 注重过程

我们可能都有过这样的体验。当你夸奖朋友取得的成绩时，他会说：“你不知道我付出了多少心血！”言语间仿佛有你不知其艰辛、看结果不看过程的意思。相反，如果你说：“真不错，你一定花了许多的心血吧！”他就会觉得心里舒服，认为你很了解他。可见，夸奖劳动的付出是必不可少的，甚至效果更佳。

其实，很多人做事并不仅仅在乎结果，更注重过程。如果你人云亦云地夸奖他取得的成果，不但有势利之嫌，还会让他这样想“如果我失败了呢？”因而也许对你心生厌恶也未可知。

4. 及时赞美

赞美的效果在于见机行事、适可而止，真正做到“美酒饮到微醉后，好花看到半开时”。作为丈夫，当你下班后进家门，看见娇妻已经为你备好晚餐，如果你深情地望她一眼，说一句“看到桌上的菜我就饿了”，她一定会心花怒放的。倘若你酒足饭饱之后才说一句“你今天回来得真早”，那样的效果，已经是雨后送伞了，她还能感受到你当时就有的那份亲情吗？

某电视台的老张是一名老编辑，他总是勤勤恳恳地工作。在他生日时，全室人员为他庆祝，新闻中心主任在祝词中是这样说的：“老张多年来勤勤恳恳地工作，甘于奉献，却从不争荣誉、要功劳。在你生日之际，我代表全室人员向您表示祝贺！”主任的一番话令老张很感动，他认为这是领导对自己的肯定。

一位普普通通的下属住院了，领导亲自去探望时，说了这样一番话：“平时你在的时候感觉不出来你做了多少贡献，现在没有你在岗位上，就觉得工作没了头绪、慌了手脚，你可一定要安心把病养好！”

你把下属当成左膀右臂，让他也认为自己很重要，这样赞美别人又怎么不会赢得人心呢？

赞美理应源于真情流露

赞美有时候没有必要刻意修饰，只要源于生活，发自内心，真情流露，就会达到赞美之效。但要更好地发挥赞美的效果，则需要考虑以下 6 个要点：

1. 实事求是，措辞恰当

当你准备要赞美时，首先要掂量一下，这种赞美，对方听了是否相信，第三者听了是否不以为然，一旦出现异议，你有无足够的理由证明自己的赞美是有根据的。所以，要当心，赞美只能在事实的基础上进行，不可浮夸。

赞美的措辞要恰当。一位老师赞美学生们：“你们都是好孩子，活泼、可爱、学习认真，做你们的老师，我很高兴。”这话很有分寸，使学生们既努力学习，又不会骄傲。但如果这位老师说：“你们都很聪明，将来会大有出息，比其他班的同学强多了。”这样就会使学生们傲气，造成不良影响。

2. 赞美要具体、深入、细致

抽象的东西往往不具体，难以给人留下深刻印像。若称赞一个初次见面的人说：“你给我们的感觉真好。”这句话一点作用都没有，说完便过去了，不能给人留下任何印象。但是，倘若你称赞某个好推销员，可以说：“小李有一点非常难得，就是无论多少货，只要他肯接，就绝不会延期。”挖掘对方不太显著的、处在萌芽状态的优点，发掘对方的潜质，增加对方的价值感，这样，赞美起的作用会更大。

3. 赞美须热情

漫不经心地对对方说上一千句赞扬的话，等于白说。缺乏热情的空洞的称赞，不能使对方高兴，有时还可能由于你的敷衍而引起反感和不满。“嗯，你这条围巾挺漂亮的。”谁都明白这是一种敷衍。若具体地说：“这条围巾挺漂亮的，和你衣服的颜色搭配起来很协调。”显然比空洞的赞扬有吸引力一些。

4. 赞美多用于鼓励，鼓励能让人树立起自信心自信是成功的一半，用赞美来鼓励对方，能达到事半功倍的效果。干任何事情，都有开头，有第一次，如果对方第一次干得不怎么好，你也应该真诚地赞美一番："第一次有这样的成绩已经不容易了。"对第一次唱歌的人，第一次写文章的人，第一次……的人，赞扬是对他们最好的帮助，将给人留下深刻的印象。

5. 借用第三者的口吻赞美他人

赞美随时随地都能听见，而对面或直接地赞美对方，总给人留下不大好的印象，有点恭维奉承之嫌。若换个角度，换种说法，也许就好多了。以"第三者"的口吻来赞美对方，说："难怪某某一直说你很不错，今日一见……"可想而知，对方一定很高兴。以"第三者"的口吻来赞美，更能得到对方的信任和好感。因为在一般人的观念中"第三者说的话是较公正的。因此，当面赞扬一个人，有时会令人感到虚假，疑心你是否真心，而间接地在背后赞美对方，使对方感到你对他的赞扬是真诚的。

6. 赞美要注意适度

过度的恭维，空洞的奉承，或者恭维、奉承频率过高，都会令对方感到很难以接受，甚至感到肉麻，令人讨厌，结果适得其反。只有适度的赞美才会令对方感到欣慰。适度因人、因时、因事、因地而异，需要不断摸索积累，掌握好这个"度"。

赞美是源自心灵的语言艺术

俗话说："人怕赞。"这句话从另一个侧面说明了赞美的作用。很多人都把赞美作为与朋友交往的方式。

赞美人本应算好事，但若口无遮拦，犯了忌讳，好事也变成了坏事，这也正是"一句话把人说笑，一句话把人说跳"的原因。即使朋友之间关系很密切，也要注意，不能一时兴起就不管"三七二十一"。

黄经理和沙经理很要好，志趣相投，嬉笑怒骂无所不说，私下里没有保留的余地，甚至对方的忌讳也是茶余饭后的谈资。

在一次宴会上，黄经理有点喝多了，为了表达对沙经理的曲折经历和能力的敬佩，他举起酒杯说："我提议大家共同为沙经理的成功干杯！总结沙经理的曲折经历，我得出一个结论：凡是成大事的人，必须具备三证！"

黄经理提了提嗓门又道："第一是大学毕业证；第二是职业资格证；第三是离婚证！"

"离婚证"的话音刚落，众人哗然，原本是赞美之中的玩笑话，但此时此刻极不适合提及。沙经理硬撑着喝下了那杯苦涩的酒。

"三证"中的一证无疑是沙经理的忌讳，他不想让更多的人知道，也不想让人们议论，但黄经理和他太好太熟太没有界限了。

这就警示我们，在称赞与自己的关系很好的人时，如果是当着其他人的面，千万不要冒犯他的忌讳。毕竟每个人都有一点个人隐私，请尊重朋友的忌讳，不要开那些残酷的玩笑。

公式化的套语有时也会冲撞别人的忌讳。

一位小伙子到同学家去玩，见到同学的哥哥后，就来了一句公式套语说：“大哥你好，见到你真高兴！久闻你的大名，如雷贯耳，百闻不如一见！”

没料到对方的脸一下子变红了。原来，他同学的哥哥因偷窃刚被教育改造出来，这个小伙子根本不明情况就“久闻大名”地恭维了一番，不料却揭了对方的伤疤，险些造成一场风波。

赞美是一种源自心灵的语言艺术，抵达它的过程也有遍布暗礁的险滩，要想走向赞美的“彼岸”，就不可让赞美的语言信马由缰，而要在赞美之词中把握一个尺度，掌握好这个尺度，然后才能步履轻松，稳健妥当靠上“赞美”之岸，迎来友谊的新景致。

赞美领导是好的“润滑剂”

赞美领导是一门比较特殊的艺术，恰当适宜地赞美领导，会增加你与领导的感情，缩短与领导的距离。但在现实生活中，很多人认为称赞领导就是巴结讨好、拍马溜须，结果是对领导真诚地赞美不能正大光明，反而被投机钻营者用来升官发财。

其实赞美领导是对领导的认可、支持和褒扬，是下属与上司搞好关系的“润滑剂”。没有不喜欢听赞美的领导。领导是球队的“队长”，需要大家的鼓励和喝彩。

然而，领导与下属的关系不是以情感为基础的，而是建立在工作与利益基础之上的，这就使得下属对领导的称赞不同于对其他类别的人的称赞。领导与下属往往具有多方面的关系，这使得下属与领导之间存在着距离，领导与每个下属的距离也不可能完全是等距离的，因而在赞美领导时要把握好称赞的技巧。有的人虽然在称赞领导方面一向很“积极”，却不注意方式，不仅领导不喜欢听、不敢接受，就连同事听了也反感，不仅没收到效果，反而还得罪了别人。

那么，怎样做才能恰当地称赞领导呢？

1. 赞美要适度

领导者同其他人一样，也有七情六欲，也会为成功而欢欣鼓舞，为失败而痛惜不已。因此，适度地赞扬领导，能够不同程度地增强领导者的进取心和自信心。但不可借赞扬之机，无原则地对领导大加吹捧。赞扬不当，很可能使领导者已经发热的头脑更加“热”起来，进而由正确转化为错误；你也可能受到领导者的斥责，被领导视为“小人”。

2. 赞扬语言要正确

赞扬领导最好以“公众”的语气赞美，同时把自己的赞美融入进去。比如：某报社刘主编的一篇稿子在 ×× 报上发表，小张不失时机地夸赞：“刘主编，大家都在学习你的报道呢！

我们都认为您报道的角度独到，大家都要向您请教呢！”刘主编听后很高兴。

赞扬领导要尽量使用中性词，切不可滥用形容词和副词。否则容易使领导者感到你言过其实，而且感到你比较虚浮，言不由衷。例如，一位领导同志经常自己动手写稿，偶尔秘书帮他准备稿子时，他也是事先把稿子的“路子”告诉秘书，供执笔人参考。因此，秘书经常对他说：“像您这样当领导，我们都快失业了”“人家都说写稿子是苦差事，可是为您写稿子是美差事。”由于赞扬恰如其分，这位领导每次都愉快地接受了。如果秘书说：“你真有水平”“别的领导都比不上你”，那么这位领导一定接受不了。

3. 赞扬方法要正确

对领导者值得赞扬的优点，也要讲究赞扬的方法。直接赞扬和间接赞扬可以并用。直接赞扬，主要是指对领导者个人有话直说，当面赞扬。如领导刚作完报告，他主动询问你对报告的印象，那你就可以使用恰当的语言实事求是地进行直接赞扬，切不要以“还可以”“凑合”之类的话应付了事。间接赞扬，是指对领导者采用迂回的方法进行赞扬。你可以把大家听完报告后的反映转告给领导，这既是直接赞扬，又是间接赞扬。

4. 内容选择要正确

赞扬领导时，最要紧的是赞扬领导者真正在乎的事情。领导不在乎的事情，你喋喋不休地赞扬，难免遭到讨厌。比如：新任职的领导的第一次公开讲话，领导做出的决策被实践证明是完全正确的，领导近期所取得的某项工作的成功，领导者子女的金榜题名，等等。这些事情常常是领导者很在乎的事情，可以恰当赞扬。

例如：某局李局长喜欢开车，常常自己驾车，并乐于谈论车技。一次局长司机小张不慎在驾车过程中扭了腰，李局长让小张坐车，自己开车。当时正值出行高峰，路上交通拥堵，但李局长的车开得稳而不慢，这时小张开口说："局长，想不到您的车技这么好，在这样的情况下开得这么快，比专业司机还棒。"这句由衷赞美之辞使李局长非常高兴，并时常夸小张有眼光。

总之，赞扬领导要适度，要因人而异。当然，作为部属，既不要为会赞扬领导而沾沾自喜，也不要为不谙此术而烦恼。因为，决定你事业成功的关键，绝不是你会不会赞扬领导，而是你自身的实力。

赞美员工既廉价又高效

管理大师洛克菲勒说过："要想充分发挥员工的才能，方法是赞美和鼓励。一个成功的管理者应当学会如何真诚地赞美别人，诱导他们去工作。"所以，赞美下属是一个人性化管理者所必备的基本要求。一个管理者该如何赞美他的下属呢？

1. 有明确指代和理由的称赞

称赞时若能说出理由，可以使对方领会到你的称赞是真诚的。如：“小张，你今天的辛劳没有白费，你为公司争来了一笔生意，我代表公司感谢你，你现在是我们公司的业务骨干了。”

2. 对事不对人的称赞

这种称赞，可以增强对方的成就感。如：“你今天在会议上提出的维护宾馆声誉的意见很有见地。”这种称赞比较客观，容易被对方接受。同时也使对方感到领导对他的称赞是真诚的。

3. 随时称赞，语气明确

该称赞的时候即称赞，而且称赞中不要夹杂批评的语言，这种称赞与“趁热打铁”同理，易被对方接受，起到鼓励的作用。

4. 充分肯定付出的劳动

某局局长很善于适时称赞科员。他知道，称赞的力量是巨大的，称赞可以激励科员们不断努力、再创佳绩。

办公室秘书小高在一次竞赛中获得年度新闻稿件一等奖。拿回证书后，局长立即给予了小高较高的评价：“小高，不错！你的那篇稿子我拜读过，文笔流畅，观点突出。好好努力，会很有发展的。”

财务科会计小闫在全市财会人员珠算竞赛中获得二等奖。局长高兴地说：“这次获奖，是你平时努力的结果。这就叫功夫不负有心人。没有日常的努力，是不可能取得这么好的成绩的。”

这种称赞使下属认识到了自己的价值，从而对自己充满信心，同时还使下属领会到领导对自己付出心血的肯定，产生“知己感”。

总之，对于上司来说：赞扬下属不需要冒多少风险，更不需要花费多少本钱或代价，却能很容易地满足一个人的荣誉感和成就感。从而作为一种动力激励下属去更加努力地工作，聪明的领导何乐而不为呢？

赞美要对症下药才最妙

俗话说："到什么山上唱什么歌，看什么人说什么话。"除去其中溜须拍马、见风使舵的消极因素，"看人说话"会令我们在人际交往中游刃有余、得心应手。

赞美别人，不单单是甜言蜜语，更重要的是根据对方的文化修养、个性特征、心理需求、所处背景、语言习惯乃至职业特点、个人经历等不同因素，恰如其分地赞美对方。

张之洞任湖广总督时，适逢新春佳节，抚军谭继恂为了讨好张之洞，设宴招待他，不料席间谭继恂与张之洞因长江的宽度争论不休。谭继恂说五里三，张之洞认为是七里三，两人各持己见，互不相让。眼见气氛紧张，席间谁也不敢出来相劝。

这时位列末座的江夏知县陈树屏说："水涨七里三，水落五里三，制台、中丞说得都对。"

这句话给俩人解了围，都抚掌大笑，并赏陈树屏20锭银子。

陈树屏巧妙且得体的言词，既解了围又使双方都有面子。这种赞赏就充分考虑了听者的心理和当时的境况。

另外，人的素质有高低之分，年龄有长幼之别，因而有特点的赞美比一般的赞美能收到更好的效果。老年人总希望别人不忘记他“想当年”的业绩和雄风，同其交谈时，可多称赞他引以为豪的过去；对年轻人不妨语气稍微夸张地赞扬他的创造才能和开拓精神，并举出几点实例证明他的确能够前程似锦；对于经商的人，可称赞他头脑灵活、生财有道；对于有地位的干部，可称赞他为国为民、廉洁清正；对于知识分子，可称赞他知识渊博、宁静淡泊……当然这一切要依据事实，切不可虚夸。

赞美他人助你赢得友谊

赞美别人的优点和长处是通过语言或行为来表达的，如果运用得好，就可以为自己营造一个良好的人际关系氛围，减少自己在生活和工作中的障碍。不仅如此，赞美还是给别人面子时采用的最普通的方式，以赞美的方式给他人面子，有这样几个优点：

首先，它不需要过多的投入，赞美别人往往是通过语言的方式来表达，几乎是不耗费任何资源的。

其次，以赞美的方式给人面子往往容易实行。因为一个人赞美别人，他只需要赞美别人的优点和长处，或者把别人的优点和长处稍微地夸大一些，而这种方法并不需要过多的技巧，对于任何一个人来说都是比较容易掌握的。

第三，以赞美的方式给人面子往往效果很好，人们多数都喜欢得到别人的赞美之词，并且一旦得到，心里就会充满喜悦之情，感到自己脸上有光，得到了别人给的面子。既然人人都需要赞美，所以就要将赞美提供给他们，满足他们对赞美的需要。也正是因为这种恰当的赞美方式在任何时候应用于一个人身上都是有效的，所以也就显出赞美的重要性。

赞美别人的人都有一种强项，就是能够用语言打动他人。

喜欢得到别人的赞美，这是人性的一个特点。我们很多人都喜欢别人赞美自己，但就是自己对此过于吝惜，好像没有赞美他人的习惯，没意识到“赞美”的魔力。赞美不但能使别人高兴，也会让自己获得无数的友谊和帮助。

成人看似心智成熟，其实需要赞美的心理并未消失，所以就像女孩子买了新衣服，总要问一问女伴“好不好看？”如果说好看，她便乐了。男人呢？如果对一位年轻人说他长得又帅又酷，他准高兴；如果对一位中年人说他性格有味道，他也一定会乐开怀。

在社会交往中，我们要善用赞美，因为赞美别人是不怕多的，它可以提高、润滑你的人际关系，让你处处受到欢迎。

赞美别人不怕多，但也应掌握一些技巧，否则就会适得其反。

人人都需要被肯定，尤其是他人的肯定，有他人的肯定，自己的存在便有了安全感，而赞美就是肯定的一种形式。赞美不用花钱，又可鼓励人心，让人快乐，并为你赢得友谊，何乐而不为呢？

赞美利于开启他人智慧

溜须拍马的人，总是通过甜言蜜语、花言巧语，使对方在不知不觉或轻松愉快中变得春风得意或忘乎所以。有时，一个人做了一件事情，自己吃不准是对是错，如果有人趁机贡献几句好话，你就会飘飘然，大有“深获我心”的知遇感，不禁发出“知我者唯你也”的慨叹。再说，古今中外能够“闻过则喜”的人实在太少，听到别人赞美自己而欣然大悦的人倒是太多。在某种心理环境下，虽然明知阿谀奉承的人大都言非心声，甚至可能别有用心，却仍然愿意或乐意姑妄听之，自我陶醉，这也叫“一个锅要补，一个会补锅”。这大概就是对阿谀谄媚既怀深恶痛绝之心又有洗耳恭听之意的主要原因。

赞美的话语一般来说都是善意的，不是来捧杀你的。即便溢美之辞也大多是好意，效果也通常是好的。一棵小歪脖树，你夸它美丽，它绝不会盲目自大起来，往更歪了长，而是会竭尽全力直起身子来。一个跛脚孩子，你说：啊，多美丽的孩子啊（这话显然不符合事实）！这孩子听了绝不会昏到认为越跛越美丽，而是会加倍锻炼矫正自己。相反，你见面就说一句符合实际的话：你这个病孩子！他没准会变成瘫痪。孩子越夸越聪明！不信你试试。孩子如此，大人也是一样的。一电视剧里演员们表演个个舒展自如，我问导演诀窍，导演说：“一段拍下来，我先说‘好’。不管好不好我都做惊喜状说‘好’，然后再具体指点。”我听了受教良多也颇认同。我们还有另外的俗话：好言一句三冬暖，恶语伤人六月寒。这好言窃以为不是指逆耳忠言，多半是指夸赞的话。

生活中，赞美不仅能改善人际关系，而且能改变一个人的精神面貌和情感世界。赞美的过程，是一个沟通的过程。通过赞美，得到了对方的欣赏和尊重，自己享受了尊重、成功和愉快，精神面貌犹如芝麻开花，充满着盎然的生机。

另外，“人非圣贤，孰能无过？”但这个“过”怎样指出来，也是一门艺术。批评他人时，一定要讲究策略。一时冲动就口无遮拦，是十分愚蠢的做法。我们需要真诚的赞美，也需要善意的批评。

用真诚的赞美激励他人

曾有一种说法一度颇为流行，那就是“赞扬能使羸弱的躯体变得强壮，能给恐惧的内心以平静和信赖，能让受伤的神经得到休息和力量，能给身处逆境的人以务求成功的决心。”实验心理学家对酬谢和惩罚所做的研究也表明，受到赞扬后的行为，要比换了训斥后的行为更为合理，更为有效。关于赞扬为何能促使动物和人类获得提高，这在科学上尚未完全搞清楚。不过，赞扬确实能释放出动物和人类的某种能量来。

你如果通过真诚的赞扬来激励对方，来给对方打气鼓励的话，那么对方——无论是孩子、妻子、丈夫，还是下属、上司、同事等都会自然地显示出友好和合作的态度来。赞扬之于人心，如阳光之于万物。在我们的生活中，人人需要赞扬。这是出于人的自尊需要。经常听到真诚的赞美，感到自身的价值获得了社会的肯定，有助于增强自尊心，自信心。

最有效的赞扬不是“锦上添花”，而是“雪中送炭”。最需要赞扬的不是早已美名天下扬的人，而是那些自卑感很强、被错当成“丑小鸭”的“白天鹅”。他们平时很难听到一声赞扬，一旦被人当众真诚地赞美，就有可能尊严复苏，自尊心、自信心倍增，精神面貌焕然一新。对于任何一点最值得赞扬的，不应是他身上早已众所周知的明显长处，而应是那些蕴藏在他身上，尚未引起重视的优美。这种赞扬，为进一步开发他潜在的智慧与力量开辟了一个新领域，有助于他在攀登事业高峰的征途上更上一层楼。

赞扬的效果还在于见机行事、适可而止，真正做到“美酒饮到微醉后，好花看到半开时”。

作为丈夫，当你下班后走进家门，看见娇妻已经为你备好晚餐，你只要深情地望她一眼，说一句“看到桌上的菜我就饿了”，她一定会心花怒放的。倘若你酒足饭饱之后才说一句“你今天回来得真早”，这时的效果，已经是雨后送伞了，她还能感受到你当时就有的那份亲情吗？

赞美要见机行事最有效

清朝刊印二十四史时，乾隆非常重视，常常亲自校核，每校出一个差错来，觉得是做了一件了不起的事，心中很是痛快。

和绅和其他大臣，为了迎合乾隆的这种心理，就在抄写给乾隆看的书稿中，故意于明显的地方抄错几个字，以便让乾隆校正。这是一个奇妙的方法，这样做显示出乾隆学问深，比当面奉承他学问深，能收到更好的效果。皇帝改定的书稿，别人就不能再动了，但乾隆也有改不到的地方，于是，这些错误就传了下来，今天见到的殿版书中常有错处，有不少就是这样形成的。

和绅工于心计，头脑机敏，善于捕捉乾隆的心理，总是选取恰当的方式，博取乾隆的欢心。他还对乾隆的性情喜好、生活习惯，进行细心观察和深入研究，尤其是对乾隆的脾气、爱憎等了如指掌。往往是乾隆想要什么，不等乾隆开口，他就想到了，有些乾隆未考虑到的，他也安排得很好，因此，他很受乾隆的宠爱。

和绅拍马屁高在两点：一是知己知彼，每拍即中；二是让对方浑然不觉却全身舒坦，因为他做得无声无息，不着痕迹。

如果一个人的学识、品位、地位等到了一定水平，恭维话便可大讲特讲，有声有色。只是已不能称为“马屁”了，而应叫作谦和。对于初次见面的人，哪一种赞美最有效呢？依笔者之见，最好避免以对方的人品或性格为对象，而称赞他过去的成就、行为或所属物等看得见的具体事物。如果赞美对方“你真是个好人”，即使是由衷之言，对方也容易产生“才第一次见面，你怎么知道我是好人”的疑念及戒备心。

如果赞美过去的成就或行为，情况就不同了。赞美这种既成的事实与交情的深浅无关，对方也比较容易接受。也就是说，不是直接称赞对方，而是称赞与对方有关的事情，这种间接奉承在初次见面时比较有效。如果对方是女性，则她的服装和装饰品将是间接奉承的最佳对象。

秦天和不少朋友的全家都相处得很好，其中与一家夫人的友谊甚至比和她丈夫的友谊更为深厚，当然他们之间的关系绝不会使人产生误会。本来秦天只认识她的丈夫，那么秦天怎么成了他全家的朋友呢？起因是在与他夫人初次见面的那次宴会上秦天随便说出的一句话。

当时，秦天被介绍给这位朋友的夫人，由于当时没有适当的话题，就顺口说了一句“你佩戴的这个坠子很少见，非常特别”，企图以此掩饰当时的尴尬。秦天说这句话完全是无意的。因为他根本不懂女人的装饰品。出人意料的是，这个坠子果然很特别，只有在巴黎圣母院才买得到，这是她的心爱之物。随便说出的这句话，使其夫人联想起有关坠子的种种往事，从此他们便成了好朋友。

要恰如其分地赞美别人是件很不容易的事。如果称赞不得法，反而会遭到排斥。为了让对方坦然说出心里话，必须尽早发现对方引以为豪、喜欢被人称赞的地方，然后对此大加赞美，也就是要赞美对方引以为豪的地方。在尚未确定对方最引以为豪之处前，最好不要胡乱称赞，以免自讨没趣。试想，一位原本已经为身材消瘦而苦恼的女性，听到别人赞美她苗条、纤细，又怎么会感到由衷的高兴呢？

秦天有一位关系密切的编辑朋友，长得很像一位著名演员。每当秦天和他一起到饭店去，初次见到他的服务小姐们，都会对他说："嗨！你长得真像电影明星！"的确，无论是他的容貌还是气质都与那位演员非常相似。一般而言，说某人很像名演员，是一种恭维之词，被称赞的人通常不会不高兴，但秦天这位朋友的反应却不同，听了服务小姐的奉承后，原本不喜欢开口的他，变得更加沉默了。

服务小姐可能是半真心半奉承地说出那些话，但是，对方不予理会，她们也只有流露出诧异的表情。然而，这位朋友的反应一点也不奇怪，因为服务小姐的赞美根本不得法。他了解自己的缺点，就是容易给人冷漠的印象。而那位电影明星在屏幕上所扮演的正是冷酷无情的角色。所以，如果说他酷似那位电影明星，这哪里是在赞美，分明是指出了他的缺点。

另外，从第三者口中得到的情报有时在初次见到对方时能起到重要的作用。因此，利用所得到的情报当面夸奖对方，当然也是为了自己主动。但是，如果你将这些情报、传言直接转述给对方，恐怕只会遭到轻蔑。因为满街飞舞的有关他的传言就是人们对他公认的名声。对此他已经听腻了，甚至麻木了，如果你旧事重提，对方表面上也许付之一笑，内心却十分厌烦，甚至会说："看！又来了！老一套！"而将你打入他以前认识的很多平庸者的行列。

恭维是开锁的万能钥匙

也许你没有留意，恭维在生活中不但是好的润滑剂，还是人际间的解毒散，许多尴尬之事，都可用它一一化解，当然也要注意"到什么山上唱什么歌"，开什么锁用什么钥匙。

1. 异性纠缠。这是令许多女子颇感烦恼的问题。当今社会，青年女子在生活与工作中与男人接触越来越多，自然令一些男人心动神移，生非分之想。怎样使男人们打消念头，又不至于影响到彼此关系，这是摆在青年女子面前的一道难题。我们可在谈话中先恭维对方，给其一个响亮的称呼，从而使对方于盛名之下难以"胡作非为"。俗话说："爱美之心人皆有之。"你长得年轻漂亮，别人想跟你亲近，不能一概斥之为"好色之徒"。不妨给他戴一项高帽子，迫使其打消邪念。

有一位女子，相貌出众，在一家公司负责产品销售策划。一次跟某公司经理谈判之后，经理悄悄主动邀请她："小姐，晚上一起吃夜宵好吗？"她不得不按时赴约。见面后，经理喜出望外，情意绵绵。两人边吃边谈。女子竭力向经理劝酒，滔滔不绝地向他介绍公司的发展计划，并不时赞扬这位经理，称他是一位有修养、有气质、讲信用、受人尊敬的现代企业家。

经理颇为得意，故作谦虚：“你过奖了。”最后两人以共舞一曲而告终。临别时经理握住女子的手，郑重地说：“你是个自尊自爱的女子！我心里会永远记得你这个完美的女孩形象的。”

2. 自我解困。即说错话之后，巧妙地通过恭维对方以达到自我解困的目的。任何人都会反感恶语而绝不会拒绝赞美。适度的恭维既会令对方心生暖意，又会令自己摆脱口误的困境，何乐而不为呢？

一个高高瘦瘦的小姐新买了一件掐腰的短上衣，兴冲冲地邀朋友品评。朋友见她穿了新衣越发如衣板似的呆板、僵硬，不禁脱口说道：“这件衣服并不适合你。”对方顿时面沉如水。朋友见状自责，转而笑吟吟地说道：“像你这样苗条又修长的身材，如果穿上那种宽松肥大长至膝下的衣服，就会越发显得神采飘逸、潇洒大方了。那些矮而胖的人就穿不出这种气质来。”小姐听罢顿时转怒为喜。

女友的话既巧妙地暗示了这件衣服不合其身材，又诚恳地指出了其择衣标准。同时用苗条修长这样美好的词语委婉地指出了其身材的特点，又用矮胖之人来对比，照顾对方的自尊心。一句看似恭维的话，实则蕴含了无限的玄机，因而便显得委婉含蓄，巧妙地为自己解了围。

3. 制止争吵。人与人相处，发生争吵在所难免，夫妻也不例外。对此，一旦有了纷争，即使认为自己一方在理，也应避免过分的数落、指责。这时候，最好的方式是使用调侃、幽默的言语，浇灭对方的怒气，达到释疑解纷的效果。

有一妻子虚荣心重，当夫妻商量出席友人婚礼时，她缠着丈夫要买一种昂贵的花帽。此时正值夫妻闹经济危机，丈夫自然不肯答应花这笔钱。争吵中，妻子赌气地说：“人家小喜和小金的爱人多大方，早就给自己的夫人买了这种花帽，哪像你，小气鬼！”丈夫不愿争论，只是故意夸张地说：“可是，她俩有你这样漂亮吗？我敢说，如果她们也有你这样美，根本就不用买帽子装饰了，是吗？”妻子一听幽默的赞语，不觉转怒为笑，一场争吵也随之止息了。

4. 应对傲者。高傲者多看重自我形象，感觉良好。与他们打交道不妨采取投其所好的方式，对其业绩、学识、才能等给以实事求是的赞美，使其荣誉心、自尊心得到满足。这样就可以从心理上缩短距离，同样能起到左右他们态度的作用。

比如，有位生性高傲的处长，一般生人很难接近，他的生硬冷漠面孔常使人望而却步。有位外地来的办事员听说了他的脾气，一见面就微笑着递了一支烟说：“处长，我一进门就有人告诉我，处长是个爽快人，办事认真，富有同情心，特别是对外地人格外关照。我一听，高兴极了。我就爱和这样的领导办事，痛快！”处长的脸上立刻露出一丝笑容，接下去谈正事，果然大见成效。

这位办事员的成功便得益于开头的那几句恭维话。这样，对方就不好意思对一个恭维尊敬自己的人给冷遇，露难看了。自然会在维护自我形象的心理支配下变得和蔼可亲起来。使用恭维方式时需注意两点：一是要实事求是。恭维的内容不是无中生有，而是确有其事，对方才会感到高兴。如果进行肉麻的吹捧，拍马屁，清醒的高傲者会把他当成小人而更加小视。二是赞美要适可而止。赞美在这里不过是使高傲者改变态度的手段，是交际的序幕。如果一味赞美，而不及时转入正题，就失去了意义。

5. 巧妙指责。

某百货公司的时装专柜，客人纷纷投诉指责售货小姐服务态度不佳。专柜主任的解决方式真是与众不同，而且效果惊人。他没有指责那些售货小姐反而大肆赞扬，他对那些被客人指名的售货小姐说：“有客人称赞你服务亲切，希望今后继续努力。”“有客人说你很有礼貌。”这么一来，她们的待客态度便大为改变，笑脸迎向任何客人，业务蒸蒸日上。

这真是巧妙地掌握女性心理的教育方法。一般来讲，女性被人指责说：“你要改掉什么什么缺点”，她们甚至觉得全部人格都遭到否定，很容易反抗或哭泣。但如稍加称赞，她们便神采飞扬，变得非常积极。如想纠正女性的缺点，不要直接指出缺点而要称赞她的优点，这一点非常重要。如此一来，她们会更加发挥优点，同时也改掉缺点。

总之，恭维是一把万能钥匙，用处多多，灵验无比。

第二章

倾听是打开心扉的钥匙

倾听他人为你赢得好感

有些人不能给别人一个好的首次印象，是因为他们不曾倾听对方的说话。他们老是想着下句话要讲什么。因此，耳朵虽在听，却什么也听不进去。

几乎所有的人都喜欢会说话的人，更喜欢会听话的人，但是有静听别人谈话能力的人，实在是很少。《读者文摘》有一期有这么一句话：“许多人看医生，他们所要的，不过是一个静听他诉说病痛的人吧！”

我们必须学会利用我们的耳朵，做个懂得倾听的人，成为一个好听众。如此一来，对方一定会觉得自己受到了重视，从而对你产生好感，愿意同你建立人际关系；相反，而当别人说话时，你不用心听，或抢着说，就会使对方失去说话的兴趣，不愿意再和你交谈了。

认真倾听不仅可以看出一个人是否有礼、有心，还能看出他是否有水平。其实，在现实生活或工作中，越是善于倾听的人，与他人关系就越融洽。因为倾听本身就是对对方的一种褒奖，你能耐心倾听对方的谈话，等于告诉对方“你是一个值得我尊敬的人”，对方又怎能不积极回应、表现出对你的好感呢？

如果一个人希望成为健谈者，那就先要做一个能专注静心听话的人。要使人对你感兴趣，你必须先使人感到有兴趣。要诀就是：回答别人喜欢的问题，鼓励别人讲述他自己及他的成就。

记住跟你谈话的人关心他自己，认为他的需要以及他的问题比关心你和你的问题更重要。做一个善于静听的人，鼓励别人谈论他们自己。这是给人留下好印象的要诀。

少说多做是真正大智慧

风轻云淡的夜晚，一对恋人依偎在公园内假山后的长椅上，月光如水，将人的脸、树的影都染上一层朦胧，湖水映月，微风撩起闪闪烁烁的波浪，像一群小天使的眼睛。

如此静谧的夜晚，本当默默享受，可那男人却不解风情，絮絮叨叨地在女子耳边大谈他的理想，吹嘘他的智慧。女子皱起了眉头，可男人浑然不觉，谈兴大发，真像一只乌鸦聒噪不休。终于女子无法忍受了，抛出一句令男人难堪的话：“别说了，行吗？”

生活中有许多是非之争是因为谈话多了，话说得愈多，出毛病的机会也就愈多。教人少说废话多做实事，这是被古今中外众多哲人学者认可的，它饱含着深刻的辩证法则。往往真正有学问的人大智若愚，不太乱说话，相反那些腹中空空，没有几点文墨的人却喜欢大吹大擂。所以，我们应记住一条原则：在任何地方和场合，最好能少说话。并且在什么场合该说什么话，用什么方式说，都值得加以研究。无论是探讨学问、接洽生意、实际应酬，还是娱乐消遣，种种从我们口里说出的话，一定要有中心，要能具体、生动，要十分精彩。

在类似座谈会的场合中，大家都是踊跃发言，而不注意听清楚别人的意思。所以，经常产生彼此的误会，各想各的，都站在自己的立场，擅自解释别人的意见，表面上看起来，大家讨论得十分热烈，事实上，非常散乱。因此，真正有见识的人，会在脑中把众人的论点分析、整理出来，而当座谈会进行到中段以后，才提出他归纳后的要点，让大家有个一致的方向。然后，再说出自己的意见，使整个讨论的方向更为明确，这种人才是最会表达的人。

一般的座谈会还没有什么关系。如果是在一个对团体日后发展有很大影响的重要会上，讨论的方向更不能有偏差。光是让众人热烈地讨论，但没有一个人来指导归纳的话，将会使整个企业或组织，陷入严重危机。

相反的，如果大家一开始都能循着正确的方向研讨，却因后来的激动心情，而失去理智，自己无法抓住问题的重心。这时候，只要有一个人能够默默地站在高处，把大家所讨论的事情分析、整理起来，那么，既可以节省许多时间，又能得到一个好的结论。

真正厉害的人，就是能用短短的几句话，理出全部要点，把会议变得有条不紊，并找出讨论的核心问题，再慢慢归纳出结论，让人不得不佩服。

然而，怎样去做一个良好的听众呢？第一次是需要诚意。别人和你说话的时候，你的眼睛要注视着他，无论对你说话的人地位比你高或低，注视他是一件必须的事情，只有缺乏勇气或态度傲慢的人才不去正视别人。其次，在别人对你说话时，不可手里同时做着一些绝无必要的工作，这是不礼貌的表示。而且，当对方偶然地反问你一些什么时，你就会因未留心他所说的意思而无从应付了。

好的倾听要解他人之意

无论你与人交往的目的是什么，都要掌握听人讲话时应该注意的事项，即掌握听的规则，从而提高交往的效率。现将听的十项规则列举如下：

1. 要搞清自己听的习惯

首先要了解，你在听人讲话方面有哪些好的习惯？有哪些坏的习惯？你是否会对别人的话匆忙做出判断？是否常常打断别人的话？你是否经常制造交往的障碍？了解自己听的习惯是正确运用听的技巧的前提。

2. 不要逃避交往的责任

要记住，交往的双方缺一不可，既有说话者，也有听话者，而且每个人都应轮流扮演听话者的角色。作为一个听话者，不管在什么情况下，如果你不明白对方说的话是什么意思，你就应该用各种方法使他知道这一点。在这里，你可以向他提出问题，或者积极地表达出你听到了什么，或者让对方纠正你听错之处。如果你一言不发，或者一点表示也没有，那么，谁能知道你是否听懂了对方的话？

3. 全身都要注意

要面向说话者，同他保持目光接触，要以你的姿势和手势证明你在倾听。无论你是站着还是坐着，与对方要保持对于双方都最适宜的距离。要记住，说话者都愿意与认真倾听、举止活泼的人交往，而不愿意与“木头人”交往。

4. 要把注意力集中在对方所说的话上

既然每个人集中注意力的时间不长，你在听话时就要有意识地把注意力集中起来，要努力把环境干扰压缩到最小限度，避免走神分心。积极的姿势有助于你把注意力集中在对方所说的话上。

5. 努力理解对方的言语和情感

这就是说，不仅要听对方传达的信息，而且要“听”对方表达的情感。例如，一个工作人员这样说：“我已经把这些信件处理完了。”而另一个工作人员却这样说：“谢天谢地，我终于把这些该死的信件处理完了！”尽管这两个工作人员所发出的信息的内容相同，但后者与前者的区别在于他还表达了情感。一个不仅倾听工作人员讲话的内容，而且理解他的情感的细心的领导者，在下达新的任务以前，就已经取得了交往的高效率。

6. 要观察讲话者的非语言信号

既然交往在很多时候是通过非语言方式进行的，那么，就不仅要听对方的语言，而且要注意对方的非语言表达方式。这就是要注意观察说话者的面部表情，如何同你保持目光接触，说话的语气、音调和语速等，同时还要注意对方站着或坐着时与你的距离，从中发现对方的言外之意。

7. 要对讲话者保持称赞态度

对讲话者要保持称赞态度能营造良好的交往气氛。讲话者感到你的称赞越多，他就越能准确表达自己的思想。相反，如果你对讲话者表现出消极态度，就会引起他的防御反应，产生对你的不信任感和警惕性。

8. 要努力表达出理解

在与人交谈时，要努力弄明白对方的感觉如何，他到底想说什么。如果你能全神贯注地听对方讲话，不仅表明你理解他的情感，而且有助于你准确地理解对方的信息。

9. 要倾听自己讲话

倾听自己讲话对于培养倾听他人讲话的能力是特别重要的。倾听自己讲话可以让你了解自己，一个不了解自己的人，是很难真正地了解别人的。倾听自己对别人讲些什么，是了解自己、改变和改善自己倾听的习惯与态度的一种手段。如果你不倾听自己如何对别人讲话，你也就不会知道别人如何对你讲话，你当然也就无法改变和改善自己倾听的习惯与态度。

10. 要以相应的行动回答对方的要求

要记住，对方与你交谈的目的往往是想得到某种可感觉到的信息，或者使你改变观点，或者迫使你做某件事情等。在这种情况下，采取适当的行动就是对对方最好的回答。

专注倾听就要融入其中

在完善你听的能力的过程中，除掌握上述规则之外，还要注意防止与人交往时容易犯的错误，这就是下面要讲的“十戒”。

1. 不要假装听

假装听是有害而无益的。不论你如何伪装，如果你对对方的话没有兴趣、感到无聊，这种假装的听不可避免地会在面部表情、手势或姿势上表现出来。一旦对方看出你是在假装听，他的自尊心会受到伤害，甚至认为你的表现是对他的莫大侮辱。如果你实在不愿意听对方所讲的内容，可以婉转地要求他改变话题，或者是找个借口停止交谈。

2. 没有太大必要时不要打断别人的话

大多数人在社会交往中常常会打断别人的话，自己却意识不到这一点。一般来说，领导者打断下级人员讲话的时候比较多，而下级人员打断领导者讲话的时候则比较少；男人打断女人讲话的时候比较多，而女人打断男人讲话的时候比较少。如果在严肃的场合你必须要打断对方讲话时，那么你说完后要帮助对方恢复被你打断了的思维。

3. 不要带着偏见听人讲话

曾经有位哲人说过这样一句话：偏见比无知离真理更远。无知并不可怕，只要你虚心地去接纳别人的经验和知识，你就会很快地成熟起来，而偏见则是倾听时的大敌。偏见是影响你与他人关系的重要因素。如果你对某人有偏见，在听他讲话时也就往往会带上偏见，就会从心里认为他的话没有什么吸引力，不值得一听，或者认为他的话句句带刺，是针对你而说的，因而你就不能客观地听他说话。即使他的话对你很重要，你也不会从他的话里获得有益的信息，这样就会影响你与他的交往。所以，在听人讲话时首先要尽量排除偏见。

4. 不要匆忙下结论

通过观察证实，每个人都喜欢对谈论的话题做出判断和评价，表示赞许或不赞许。这些主观评价，往往迫使讲话者退居防御地位，因而成为交往的障碍。

5. 不要使自己陷入争论

当你从内心里不同意讲话者的观点时，对他的话不能充耳不闻，不能只等着自己发言。一旦发生争论，也不能一心只为自己的观点找根据而把对方的话当作耳旁风。如果你不同意对方的观点，也一定要认真听完对方的话，完全弄明白你到底在哪些地方不同意对方的观点，等对方说完以后，你再阐述自己的观点。而这样的争论在无伤大雅的情况下，最好减少发生，需知任何事物都是有两方面属性的，你如何知道你与对方不是各执一面？

6. 提问题不要太多

为搞清对方所说的话的含义，提出问题是有好处的。但是，对于具体的、需要对方明确回答的封闭性问题，必须压缩到最低限度。同时，对于那些能鼓励说话者详细说出自己思想的开放性问题，也应谨慎提出。提出的问题过多，在一定程度上会使对方感到压抑，并且退居防御地位。

7. 不要说：“我很理解你的心情。”

任何时候也不应对讲话者说：“我很理解你的心情。”通过这种声明使对方相信你听他讲话是多余的。实际上，要想准确知道对方的心情怎么样、感觉如何是很困难的。况且，这种表示理解对方的答话会导致对方对你产生怀疑，使谈话很快终止。

8. 对带有情绪的话不要过分敏感

在听情绪激动的人讲话时，要小心谨慎，不要受他的情绪影响，而应集中精力体会他所说的话的含义。如果你自己也受对方的情绪影响，就会妨碍你对必须真正了解的东西的理解。

9. 别人没有提出要求时就不要出主意

一般来说，只有那些从来不帮助别人的人，才会主观地出一些别人不需要的主意。但是，在人家真心实意向你请教的情况下，就要弄清对方到底要求你出什么样的主意。

10. 不要以沉默代替听

有的人在与他人交往时，不管对方说了什么，他总是一言不发，表面上看来他是在听，实际上他已经陷入沉思，对人家的话一句也没有听进去。当对方说完话问他的看法时，他支支吾吾、不知所措，只好承认："对不起，刚才我走神了。"这样就不利于交往。认真地倾听，在对方需要你加入的时候，给对方以一定的建议和自己的态度。

倾听有无言胜有声之妙

卡耐基先生就知道很少有人能经得起别人专心致志的倾听，经得起别人暗示性的赞美。例如他在英国伦敦工商界主办的一次宴会上见到了一位著名的植物学家，倾听着植物学家谈论大麻、室内花园，以及关于马铃薯的惊人事实，直至午夜告别时，他几乎没有说过一句话。那位植物学家却高兴地对别人说：卡耐基先生是最有意思的人，是一个最有意思的谈话家。

一个会听话的人其实是最会说话的人，他的耳朵似乎比舌头还要厉害。真正地静下心来倾听别人的谈话，力争自己的话不惹人讨厌，我们就要深深懂得：

1. 多言是虚浮的象征，口头慷慨的人一定行动吝啬。

2. 有道德的人绝不泛言，有信义者必不多言，有才谋者不必多言。腹中空空者都喜欢大吹大擂。

3. 虚言取薄，轻言取侮，多言取厌。

4. 我们说的话绝对要适量，无把握的事不要乱开口，不能不打自招，揭露了自己的弱点及愚蠢，并失去了一个获得智慧及经验的机会。

5. 生活中的许多是非，大多源于多言，保持沉默便是保持不伤人。言多必失，多言多败。

6. 说自己的感慨之话，说心灵深处的衷心之话，说自己有把握的话，说能够启迪人的话，说能警诫人的话，说能温暖人的话，说能使人排扰解难的话。除此，不说话。

在日常生活中，学会倾听，就是要克服浮躁之气和轻慢之举，做到认真而仔细地听取别人的倾诉或论辩。这时，神情应该专注，眼光应该集中在对方的面部，尽量有些点头之类的回应，包括上身略微前倾等形体动作的配合，以示非常重视对方的谈话。其实，这样的姿态不仅会给人留下良好而深刻的印象，还因为提高了他人的自尊心，而有利于建立良好的人际关系。

学会倾听才会一鸣惊人

是非只源于多开口，话说得多，出毛病的机会也就多。实际上，真正有学问的人不随便说话，唯胸无点墨的人喜欢自吹自擂调调侃侃。“宁可把嘴闭起来使人怀疑你的浅薄，胜于一开口就使人证实你的浅薄。”这是一句值得大家牢记的话。

所以，要掌握谈话技巧，就要懂得少说话。

其实，大多数人有太爱说话的毛病。在车站，在饭店，以及在演奏会、电影院等公共场所，到处都是喧嚣嘈杂的说话声，抢着说话的人实在太多。要学会怎样谈话，必先要从少说话学起。

少说话固然是美德，但人既在社会中相处，只能“少说”，却不能完全不说。缄默是值得提倡的，却不是哑口无言。

所以，我们要记着这一个原则：在任何地方和场合，最好能少说话，若到非说不可时，那么就要组织你的语言注意你所说的内容、意义、措辞、声音和姿势，进而恰当稳妥地表达出来。在什么场合，应该说什么，怎样说，都值得加以研究。无论是探讨学问、接洽生意、交际应酬、娱乐消遣，我们口里说出来的种种话，一定要能动人。“不鸣则已，一鸣惊人。”我们虽未必能达到这个目的，但朝这个目标去学习和训练是必须的。

为保持你的话为人所重视，所喜欢，永不使人讨厌，唯一的秘诀是少说话。也唯有少说话的人，才能静静地思索，使得说出来的话更有见地。

自己少说话的作用，在上面谈到能使自己说出来的每一句话都有其分量，为别人重视。另一个作用是，也唯有自己少说话才能倾听别人说话。

留心去听别人说话，是谈话艺术中的一个重要的条件。因为能静听别人意见的人，必是一个富于思想，有很高的见地，有谦虚之性格的人。这种人在人群当中，最先也许不大受人注意，但最后则必是最得人敬重的。因为他的虚心，所以为任何人所喜欢，因为他善于思考，所以便为人所尊敬。

倾听为你打造良好口才

以后谈话我们要将以前那种一句一句地讲，一段一段地讲，转变为你一句我一句地讲，你一段我一段地讲，因为只讲不听，只听不讲，都不算真谈话。说到这里，我们就已经又进了一步了。进到什么地步呢？到现在我们就知道，我们所要追求的口才，就不只是讲的问题，还有了听的问题，不只是口的问题，还有了耳的问题。

有良好口才的人，同时也有良好的“耳才”。会说话的人，同时也是会听话的人。会说话的人，在说的时候，绝不只凭自己的意思一味地说。他在未说之前，在说的时候，在说之后，都有一件事情使他非常关心，那就是，他的话在对方听起来是怎样的。

自己的脑子里有一点意见，自己组织语言，经过自己口唇的动作，发出声音来，要经过对方的耳膜、耳神经，传达到对方的脑子里，这时候，印在对方脑子里的那一点意见，是不是跟最初在自己脑子里所要表达的意思完全一致呢？这是每一个懂得说话艺术的人所最关心的问题。我们研究口才最重要的对象，不是出于自己口中之语，而是达到对方脑子里的信息。

要想知道对方是怎么想的？主要是靠听，要很小心地听对方讲话，要好好地练习听别人说话。一般人听别人说话时，真是太不小心了。听漏别人的话，听错别人的话，这样自己关于对方的认识，就是片面的，错误的。那么，自己的话怎样才能引起对方的注意，引起对方的兴趣，以及能够说中对方的心事，针对对方心中的疑虑来进行有效的解释呢？

许多人都以为谁能够滔滔不绝、口若悬河、一大套一大套地讲个不停，谁就是有口才，这种观点并不全对。有许多人只顾着自己讲，一点也不知道别人听了会怎样，即使他讲得很不错，我们也不能说他的口才很好。口才很好的人，并不一定讲得很多，妙就妙在他了解别人的心情和看法。三言两语就能使人佩服了，而这种人主要靠他很善于听别人的话。那么你要问了："如果别人始终不开口说话怎么办？"真诚地告诉你，口才很好的人，就有这样的本事，有办法使人说出自己的意见来。

你看这不是更复杂了吗？会说话的人，不但自己会说而且还要会听，并且要有办法使别人说，有办法使别人高谈阔论，有办法使别人对他畅所欲言，开诚布公，甚至于推心置腹。不要忙，无论多么复杂的东西，我们都有办法学会。不过我们要从最简单的，最基础的东西开始，我们要练习，看我们能不能抓住别人说话的要点。在别人说完一段话时，我们能对自己说：他这一段话的意思，主要有哪几点。试试把听到的话，事后记下来，或是转述出来，告诉自己的朋友，或是自己的家人，这就可以很快地提高自己听话的能力。

倾听他人说话时，偶尔插上一两句恰当的话或不明白时加上一个问话，这也是非常必要的，因为这正表明你对他的话的留心。无论他人说什么，你都不可随便纠正他的错误，若因此而引起对方的反感，那么你就不能成为一个良好的听者了。另外，批评或是提意见，也要讲究时机与方式，否则，好事也会变成坏事。

但是，如果说话的人滔滔不绝，而你对他的话题毫无兴趣，觉得花时间和精力去应酬他十分不值得的时候，你应该用更好的方式去使他停止乏味的话题，但最好是不要伤害他的尊严，巧妙地引他谈及其他的话题，特别是那些他内行的又是你所喜欢的话题。

透过倾听知晓他人个性

由于天性、环境、教育的不同，每个人都具有不相同的脾气。有的人随着天性本能地发展，有的人对天性加以悉心的培养，所以，世界上没有人的脾气是相同的。

处世待人，只知道一般人的共同心理是不够的，应该要深入研究个人特有的脾气才行。

人的脾气分析起来，错综复杂，不过，心理学家根据心理倾向和人的性格，把个性分为内向和外向两大类。

什么是内向呢？内向是比较静的人，喜欢把自己的思虑和情绪向内发展。诗人、音乐家一类的人便是属于这种类型。至于所谓外向，是指那些心理活动倾向于外部，经常对外部事物表示关心，热情、开朗、活泼、好动、情感外露、当机立断、不拘小节、独立性强、善于交际，侧重对外的表现。

内向的人的特征是不爱多谈话，即使是说起话来，也是慢条斯理、从来不敷衍的，就是得罪他人也在所不计。容易受窘，行动往往不很矫捷，写作出来的东西比嘴里说的要来得流利，这种人意志容易动摇，而且时常一个人在踌躇。

明白内向者的特征，对待这种类型的人，就得迎合他的心理去应付，例如他是不苟言笑的，那么就不要经常和他说笑话，相反地应该多跟他说些正经事。如果是容易发窘，你不必在大庭广众之下，替他介绍。如果是喜欢人们鼓励和嘉奖的人，你对他一切的赞赏，一定可以得到他的好感。如果他好静而不好动，那么不要时常劝他活动。如果是不喜欢听人指挥的，你也别用命令的口气去使唤他。

现在，你明白了内向的人的个性，接下来我们来谈谈外向型的个性，先来看看外向的人的特征是什么？

这种人时常放声大笑、落落大方，动作迅速敏捷，说话流利，不在意小节，喜欢交朋友，而且朋友也愿意和他接近。视野开阔，有坚毅的判断力，一经决定了之后，不会随便改变心意，这种人很少忧虑，常是愉快地生活着。还有喜欢表现，喜爱运动。

外向的人总离不了上面这些特征，应付这种人，只要了解他的个性，便容易和他交往。

与这种人交往，切记下面几点：不要见了他的面儿老挂着沮丧的神情；不可跟他迟疑不决，他有事请求你，你立刻就要予以答复，切莫支支吾吾；你不要表现出气度狭小让他感到不悦，谈话也要干脆爽直，避免唠唠叨叨。

传说明朝时，江南有个进士出身的知府，叫贾文通。平时以善于对对联出名。有一天外出回府的路上，被一名9岁的小儿挡住了去路，声言要和知府大人对对联。贾文通下得马来，问道："是你要对，还是另有别人？"小儿道："是我。"

这时，贾知府脚下正好踏着三块青石，稍一移步，石头被蹬倒了。那小儿见此情景，随口念出一句上联："踢倒磊桥三块石。"

贾知府一听，便知这是一个拆字的对联（磊字由三个石字组成）。必得找另外一个能拆的字作下联才成，可一时间竟怎么也想不出来。于是只好拱手认输，打道回府。

夫人见他愁眉不展，问道："老爷，有何心事？"贾文通实言相告。夫人也素来读诗书，笑道："区区小事，有何难哉？"说罢，在纸上写了老大的一个"出"字，然后拿起剪刀，从中腰处剪开……

贾知府猛然醒悟，马上派人把小儿找来，说："我有下联了。"

小儿说："大人请讲。"

贾知府得意地说："剪破出字两座山。"

小儿听罢，不禁哈哈大笑，说："此下联必是尊夫人所对。"

贾知府疑惑不解道："何以见得？"

小儿朗声回答说："如果是大人所对，应当用'劈开'二字，以显示大丈夫叱咤风云的气概。现在您用'剪破'二字，实乃女人做针线活时的常用动作，不是夫人所对，又会是谁呢？"贾知府愣住了，承认也不好，不承认也不好，直羞得满面通红。

这故事虽然只是一个传说，但故事中小儿的分析是蛮有道理的：一个人说话的内容、方式往往和这个人的素养、性格有密切的联系。善于“听”的人，就能从与一个陌生人的交谈之中“听”出对方的身份和处境来。

倾听既要用耳更要用脑

倾听是一门艺术。倾听的技巧就是在对方谈话时聚精会神、全神贯注地聆听。当某个人到你的办公室来和你谈话时，你绝对不应因任何事情分散注意力。如果你是在一个喧哗嘈杂的房间里和人谈话，你应当想方设法地让对方感觉到你们是在场的仅有的两个人。

在交谈中，你的双眼应直盯着对方。即使此时有一个人突然闯进房间，你或许也不会注意到的。尼克深深地记得一次自己被冒犯的经历：尼克和他的销售经理正在共进晚餐，每次那位漂亮的女招待经过他们身边时，销售经理的视线就会一直追随着她，直到看不见为止。尼克当时感到自己受到了莫大的侮辱，并愤愤不平地想道：“那位女招待的腿显然要比自己说的话对他更重要。他一点都没有认真听我讲话，他完全漠视了我的存在！”为了清楚地听到对方的谈话，聚精会神、集中注意力是必要的，因为如果我们的精力不集中，我们就会神游天外、心不在焉。

还有需要注意的是，作为一个有修养的聆听者会记住谈话的所有内容重点，并完全了解别人的希望所在，而不是去注意发言人的长相、声调。

在对方倾诉的时候，尽量不要打断对方说话，大脑思维紧紧跟着他的诉说走，要用脑而不仅是用耳听，要学会理性的善感。理性的善感就是忧他而忧，乐他而乐，急他所需。这种时候往往要配合眼神和肢体语言，轻柔地看着对方的鼻尖，如果明白了对方诉说的内容，要不时地点头示意。必要的时候，用自己的语言，重复对方所说的内容。如：你刚才所说的孤独，是指心灵上的孤独，所以你在人越多的时候，越感到孤独，不知道我对你的话理解得是否正确（要鼓励对方继续说下去）。

做一个合格的倾听者应当掌握的四个要点是：注意、接受、引申话题和欣赏。

1. 注意

倾听时，眼睛注视说话的人，将注意力始终集中在别人谈话的内容上，给予对方一个畅所欲言的空间，不抢话题，表现出一种认真、耐心、虚心的态度。

2. 接受

交谈时，通过赞同的微笑、肯定的点头，或者手势、体态等做出积极的反应，表现出对谈话内容的兴趣和对谈话者的接纳与尊重。

3. 引申话题

通过对某些谈话内容的重复和对谈话者情感的重述，或通过提出某些恰当的问题，表现出对谈话内容的理解，同时帮助对方完成叙述，从而使话题进一步深入。

4. 欣赏

在倾听中找出对方的优点，显示出发自内心的赞叹，给以总结性的高度评价。欣赏使沟通变得轻松愉快，它是良性沟通不可缺少的润滑剂。

第三章
微笑是赋予交谈的魅力

微笑是心灵间最短的距离

人是喜爱微笑的动物。笑是上帝赋予人类的一项特权，真诚的微笑可以缩短人与人之间的距离。试想，当我们遇到一位陌生人正对着你笑时，你是否感觉到有一种无形的力量在推着你要跟他接近；如果你看到的是一张“苦瓜脸”“驴脸”，你还会有好心情吗？你是不是只能对这种人敬而远之。

微笑，可以消除人与人之间的隔阂、误会。当你跟朋友吵了一架之后。忽然有一天见面时，看到他给你送过来一个真诚友善的微笑，你还会像刚吵完架似的对他疾恶如仇吗？

笑，可以缓和紧张的气氛，调节庄严的氛围。在严肃的报告会上，在长时间的比较枯燥的课堂上，主讲人适当地开个小玩笑可以打破紧张沉闷的气氛，重新调动听者的注意力。

笑，可以溶解客人的拘谨。当客人来访，我们以笑脸相迎，会使客人感到自由、轻松愉快。

有句谚语说得好：微笑是两个人之间最短的距离。人际交往中离不开笑，一个没有笑的世界简直就是一个人间地狱。

在业务往来和应酬场合中,笑能带来许多意想不到的效果。笑，使人变得善良友好；笑，让人觉得喜庆吉祥；笑，让人感到亲切自然；笑，表明你的心胸坦荡。所以，当你笑的时候，别人才会把你当作朋友，才能向你敞开心扉。

到某单位找人时，对所见到的第一个人，包括收发室的人微笑，笑得谦虚热情，对他给你的帮助致以谢意。看到他们单位的建筑布局装饰要从心里有一种赞赏之情。在见到要找的人后，非常高兴，然后把对他们单位的外部环境所留给你的好印象告诉对方，并对对方在如此优美的环境里工作表示羡慕。如果在见到要找的人之前你曾问过几个人，那么也要告诉对方，他们单位的每一个人都热情而彬彬有礼，你羡慕他们同事之间的友谊。你这种欢乐的心情和对他们单位的赞赏都会给对方带来好情绪，他会在这一天当中都有一种特别高兴的感觉，会一直想着你这个非常“喜相”的让人感到快乐的客人。对方高兴了，在与你谈业务时就会有一个很好的气氛。

说话时要把每一句话都说得很轻松，即使是一些很重大的问题也要用一种轻松自如的语气，面带微笑地讲出来。

如果遇到敏感的、难讲的问题，与对方谈论时，可以趁双方哈哈大笑时，一点一点地提出来，把这个对方容易拒绝的问题一点一点地融化在笑声里，就像往开水里加冷水一样。在水开之后注入一点冷水，温度一会儿就上去了。然后再注，一点一点注进去，水总是开的。如果一下注入很多冷水，热水变冷了，再开就需要一段时间。因此，对不易解决的问题一定要在双方高兴时提出来，而且不要着急，要一点一点地提，这样问题就容易解决了。

简单的微笑会创造奇迹

在一个适当的时候、恰当的场合，一个简单的微笑可以创造奇迹。一个简单的微笑可以使陷入困局的状态豁然开朗。

几年前，底特律的哥堡大厅举行了一次巨大的汽艇展览，人们蜂拥而来参观。在展览会上人们可以选购各种船只，从小帆船到豪华的巡洋舰都可以买到。

在这次展览中，一位富翁站在一艘展览的大船面前，对他面前的推销员说："我想买艘价值 2000 万美元的汽船。"我们都可以想象，这对推销员来说，是求之不得的好事。可是，那位推销员只是直直地看着这位顾客，以为他是疯子，没加理睬，他认为这个人是在浪费他的宝贵时间，所以，脸上冷冰冰的，没有笑容。

这位富翁看看这位推销员，看着他那没有笑容的脸，然后走开了。

他继续参观，到了下一艘展览的船前，这次他受到了一个年轻的推销员的热情招待。这位推销员脸上挂满了微笑，那微笑就跟太阳一样灿烂。由于这位推销员的脸上有了最可贵的微笑，使这位富翁有宾至如归的感觉，所以，他又一次说：“我想买艘价值 2000 万美元的汽船。”

“没问题！”这位推销员说，他的脸上挂着微笑，“我会为你介绍我们的系列汽船。”之后，他详细地介绍各种价格相当的汽船。他在推销汽船以前，先把世界上最伟大的东西推销出去了。

所以，这位富翁留了下来，签了一张 500 万元的支票作为定金，并且他又对这位推销员说：“我喜欢人们表现出一种他们非常喜欢我的样子，你现在已经用微笑向我推销了你自己。在这次展览会上，你是唯一让我感到我受欢迎的人。明天我会带一张 1500 万美元的支票来。”

这位富翁很讲信用，第二天他果真带了支票，购下了价值 2000 万美元的汽船。

这位推销员用微笑把他自己推销出去了，并且连带着推销了汽船。听人说，在那笔生意中，他可以得到 20%的佣金，这或许已经够他一生的生活所需，但我们可以打赌他不会这样懒散地过日子，他会继续推销自己，并且用微笑去达到他远大的目标。

所以，你在办事情的时候，去微笑，那么成功就在你面前，微笑的价值难以计算。

微笑是带着快乐去工作

奇宾·当斯善于通过声音传递微笑。当斯是底特律地区最受欢迎的节目主持人之一。有的听众写信给这位声音里带着微笑的主持人，说他们已经听到了他主持的节目，并且告诉当斯说，他们透过他的声音看到了他的微笑。

有人问当斯，为什么总是那么高兴，他说他的秘诀是从来不把烦恼摆在脸上，而是深藏在心中。因为，他的工作是娱乐别人，他说："为别人创造一个愉快的生活，这要从微笑开始，但必须是出自内心的微笑。"

当斯经常"戴上一张快乐的脸"去工作，他把微笑加进他的声音，配合他的演说天赋，给观众以享受。

当斯说："当你微笑的时候，别人会更喜欢你，而且，微笑会使你自己也感到快乐。它不会花掉你的任何东西，却可以让你赚到任何股票都付不出的红利。"

一位哲人曾说过"拥有了微笑，就同样拥有成功"。可见，微笑是成功者的先锋，是成功者制胜的秘诀。微笑是一种职业操守，更是一种修养，一种气质，一种风度，一种力量，还是通往成功的捷径。带着微笑去工作，你会少一些抱怨，多一些拼搏；带着微笑去工作，你会少一些沮丧，多一些快乐；带着微笑去工作，你会少一些困惑，多一些坚定；带着微笑去工作，你会少一些失利，多一些辉煌。

在工作中要带着微笑，因为积极的态度是快乐工作之本。只有笑对工作，才能赢得未来。能否在自己的岗位上有所收获，很多时候与一个人对工作的态度有直接关系。如果从一开始就将工作简单地看作是为维持生计而不得不做的苦役，那么你最终会被自己的抱怨所淹没，也会因此成为上司眼中只会抱怨而不懂得实干的人。

对自己笑一笑，对工作充满热情和信心，换一种眼光看待它，告别工作是苦役的心态，去迎接属于自己的全新生活吧！

既然明白了微笑对于工作的重要意义，那么，我们在工作中要如何去做呢？

首先，带着微笑去工作，要从心开始。

快乐、悲伤皆由心生，当我们的心灵被乐观、积极所占据，幸福也就应运而生。因此，工作不能缺失微笑，工作要由心做起。在工作中，我们要怀有一颗感恩的心。当别人帮助你、赞许你，或者只是安慰了你，你都要懂得感恩，那样，即使你遇上了再大的困难，也会坚强地熬过去。懂得感恩的人，他们总会乐观地去看待事物，即使遇到挫折，他们也会积极地去迎接；懂得感恩的人，他们总会宽容地去处理问题，即使面对打击，依然会保持自己感激的心。

其次，要树立明确的目标，保持微笑的方向。目标是我们前进的动力，也是我们取得成功的基石，更是指引我们走向终点的航标。所以，在工作上，无论做什么事都要为自己设定一个确定的目标，并坚持不懈地向目标前进，那么你定会在工作中脱颖而出，赢得重视。

再次，带着微笑去工作，要创造和谐的氛围。

和谐的人际关系是创造快乐的基础，微笑着工作你就会被快乐的气氛包围。作为一名员工，要学会协调个体与团体的平衡与统一。在工作中，实现团队的和谐共赢，处处为队友着想，将同事的事当成自己的事去做，在团队合作中，尽自己所能，让自己的长处得到最充分的发挥，从而实现整个团队的资源共享、团结协作。

所以，你能在你的工作中掺进微笑，用微笑去面对人生，去接受挑战，你会发现微笑会解决你许多无法解决的问题。

微笑让你免遭各种难题

所有人都希望别人用微笑去迎接他，而不是横眉竖眼，横眉竖眼阻碍了心灵思想的交流。

所以，有的公司在招聘职员时，以面带微笑为第一条件，他们希望自己的职员脸上挂着笑容，把自己的公司推销出去。

有一位叫珍妮的小姐去参加某航空公司的招聘，当然她没有关系，也没有熟人，完全是凭着自己的本领去争取。她被聘用了，你知道原因是什么吗？那就是珍妮小姐脸上总带着微笑。

令珍妮惊讶的是，面试的时候，主试者在讲话时总是故意把身体转过去背对着她，你不要误会这位主试者不懂礼貌，这是他在体会珍妮的微笑、感觉珍妮的微笑，因为珍妮是通过电话工作的，是有关预约、取消、更换或确定飞机班次的事情。

那位主试者微笑着对珍妮说：“小姐，你被录取了，你最大的资本是你脸上的微笑，你要在将来的工作中充分运用它，让每一位顾客都能从电话中体会出你的微笑。”

虽然可能没有太多的人会看见她的微笑，但他们透过电话，可以知道珍妮的微笑一直伴随着他们。

肯罗是伦敦一家著名旅馆的总经理，这家旅馆有 100 年的历史了。他每天都需要做很多事，如房间预约、床位安排、床单更换、食物供应等等，但他却能安排得很好，没有一点错误。

当别人问他，作为一个总经理，每天要管理一大堆职员，从侍者到厨师，从女仆到乐队，而且还要解决其他问题，他怎么做到有条理时，他说他的办法很简单。

“我在问题还没有发生以前，便用微笑把它笑走了，至少可以避免将小问题变成大问题。微笑，是我性格的一部分，我就用微笑来避免遭遇问题。”

或许你会有疑问，有些事儿是不能用微笑来处理的。所以，你要解决问题，最好是一开始便避免事情的发生。也就是说，在问题发生以前，你就把它打败了，而一个真心的微笑，不管是用眼睛看到的还是用耳朵听到的，都是一个很好的开端。

微笑能化干戈为玉帛

微笑是琼浆、玉液，带给人们快乐、温馨、鼓励。微笑是友好的标志，是融合的桥梁。微笑可以化干戈为玉帛，协调人与人之间的关系，可以为办事创造快乐的气氛。

一对闹了别扭的情侣又在公园见面了。男的沉默了半天，终于开口说：“你能原谅我吗？”言语恳切，表情紧张。

女的看着他，羞怯地笑了。

男的笑了，笑得很开心。

这只是笑的语言，却产生了不小的威力。可见，难以用语言表达心境的情况下，笑，是最好的交流工具。

一些不懂得利用微笑价值的人，实在是很不幸的。要知道，微笑在社交中是能发挥极大作用的。无论在家里、在办公室，甚至在途中遇见朋友，只要你不吝惜微笑，立刻就会产生令你意想不到的良好效果。难怪有许多专业推销员，每天清早洗漱时，总要花个两三分钟时间，面对镜子练自己的微笑，甚至将之视为每天的例行工作。

微笑是人类的宝贵财富。微笑是自信的标志，也是礼貌的象征。人们往往依据你的微笑来获取对你的印象，从而决定对你所要办的事的态度。只要人人都献出一份微笑，办事将不再感到为难、人与人之间的沟通将变得十分容易。

微笑的奇特魅力表现在：

1. 微笑是以柔克刚的“妙招”

法国作家阿诺·葛拉索说：“笑是没有副作用的镇静剂。”办事时，遇到的人有爱发脾气者，有刻薄挑剔者，有出言不逊、咄咄逼人者，也有与你存有隔阂芥蒂之人，应对这些“难对付之人”，“含蓄的微笑往往比口若悬河更可贵”。面对别人的胡搅蛮缠、粗暴无礼，只要微笑冷静，你就能稳控局面，用微笑减缓对方的刺激，以微笑化解对方的攻势，从而以静制动，以柔克刚，摆脱窘境。

2. 微笑是融洽气氛的“润滑剂”

当客人来访或是你走入一个陌生的环境，由于陌生或羞涩，往往会端坐不语或拘谨不安。此时，你若微笑，就能使紧张的神经松弛，消除彼此间的戒备心理和陌生感，相互产生良好的信任感和亲近感。记住：要使他人微笑，你自己得先微笑。

3. 微笑是巧妙回绝的“借口”

在喧闹的影剧院入口，小王正忙着检票。忽然看见一个熟人无票挤至门口，想凭关系入场。只见小王微微一笑，面带歉意地摇摇头。那人见此“信号”，也只好含笑离开。

“上山擒虎易，开口求人难。”当别人有求于你，往往都有惴惴不安的心理。此时，你想拒绝却又无法说明原因，也不便向对方多说什么道理，但不得不让对方“下台”。怎么办？微笑。它既能缓和紧张的情绪免使对方难堪，又能免去言语不周而导致的麻烦，取得“此时无声胜有声”之效果。而且，微笑还能为你赢得思考时间，借以找到巧妙的处理方法。

4. 微笑是传递歉意的“载体”

微笑不是奴颜婢膝，而是一个人涵养的外化，是对他人一种和蔼友善的表示。它能反映出你控制和表现自己情绪的能力，也能显示你主动热情、坦率大方的个性。当你不慎得罪了你的朋友和同事，当你无意冒犯了你的上司和长辈，你很想向他们解释道歉，却又碍于颜面难以启齿。这时，只要你主动真诚地向他们报以微笑，大家便会和好如初。

5. 微笑是医治萎靡不振的“良方”

有一位性格抑郁沉闷、心情沮丧的学生，毕业后被分在幼儿园。当她面对天真可爱的孩子们时，又不得不强颜欢笑给他们上课。一天天过去了，令人惊奇的是她竟变成了活泼愉快并能发自内心微笑的姑娘。舒心的微笑使她振作起来了。美国心理学家保罗·爱克曼研究指出，悲哀能使人心率变慢、体温下降，而微笑却能使人心率加快、体温上升……郁郁寡欢、空虚紧张、萎靡不振的情绪，通过微笑的途径都能得到克服。

6. 微笑是吸引他人的“磁石”

社交中，人们总是喜欢和个性开朗、面带微笑的对象交往，而对那些个性孤僻、表情冷漠之人，则总是避而远之。

7. 微笑是深化感情的“催化剂”

有人说，微笑是爱情的“催化剂”，是家庭的“向心力”，是人际交往的“润滑剂”。微笑也能给人以美的享受；微笑又是向他人发出的宽容、理解和友爱的信号。面对这样的表示，又有谁会拒绝呢？假如你在街上遇见一位素来爱慕的姑娘正向你微笑，你一定会忘情地报之一笑，就在你们这相互会心的微笑中，你们愈加感受到对方美的风采、美的情感：假如你的妻子或丈夫正冲你大发雷霆，你若对她（他）嫣然一笑，又有什么纠葛芥蒂不能冰消雪融呢？

8. 微笑是开启心扉的“钥匙”

一个偷窃同学财物的女学生，被叫到了老师面前。老师面对这位红着脸低着头的学生，微笑着注视良久后，只轻轻说了一句话：“还是由你自己说吧！”学生立即哭了，并彻底承认了错误。试想，假若这位老师大动肝火，结果又会怎样？在这里，微笑既是对对方的宽容、理性启发和诱导，更是对对方含蓄的指责和批评。

9. 微笑是成功之路的“通行证”

两名刚毕业的大学生同到一家公司应聘。面对发问，甲滔滔不绝甚至不等面试官说完就大谈意见，很有“英雄无用武之地”的感慨。而乙却始终面带微笑，平静而又不失机灵地陈述着自己的见解。结果乙被录用了。究其原因，用面试官的话来说，就是他从乙的微笑中，看到了乙礼貌、自信和稳重的品质，看到了乙潜在的创造力。因此，无论你是在生活上求助于他人，还是请求上司调整工作，只要你巧施微笑，你要办的事情一定会顺利很多。

古人云：“笑开福来”。微笑因幸福而发，幸福伴喜悦而生，即“情动于中而形于外”。办事时，只要你时时超越自我情绪的困惑，你就能保持轻松愉快的心境，你的面孔也会因此而涌起幸福的微笑，并感染他人，而且他人的微笑又反过来强化你的愉悦和微笑，形成你与他人之间人际关系的良性循环，这无疑会极大地促进你优美个性和创造力的发展，为你把事情办好铺下一块块“基石”。

快乐微笑助你永葆健康

加利福尼亚大学的诺曼·卡滋斯教授，40 多岁时患上了胶原病，医生说，这种病康复的可能性是五百分之一。他照着医生的话，经常看滑稽有趣的文娱体育节目，有的节目使他捧腹大笑，有的节目使他从心底发出微笑来。他除了看有趣的节目，平时还有意识地和家人开开玩笑。一年后医生对他进行血沉检查，发现血沉降低了 5 个百分点。两年以后，他身上的胶原病自然消失了。后来，他撰写了一本书，书名叫《五百分之一的奇迹》，书中说：“……如果消极情绪能引起肉体的消极化学反应的话，那么，积极向上的情绪可以引起积极的化学反应……爱、希望、笑、信赖、对生的渴望等等，也具有医疗价值。”

也许你还曾经听过这样的一个故事：有个王子，一天吃饭时，喉咙里卡了一根鱼刺，医生们束手无策。这时一个农民走过来，一个劲儿地扮鬼脸，逗得王子止不住地笑，终于吐出了鱼刺。

也许你对此并不以为意，但事实正是如此。笑不仅具有医疗功能，它在人的生活中，还能产生意想不到的效果。正像卡耐基所说——

给予别人不会减少，而得到的极为丰富；

不论怎样一个穷光蛋，因为有它而变得富有；

是给家庭带来幸福的友好的信号；

是疲惫者的休养，是失意者的光明；

是悲伤者的太阳，是烦恼者的天然解毒剂；

你买不到，你偷不到，你强取不到；

只有无偿地给予，才产生价值。

快乐的微笑是保持生命健康的唯一药物，它的价值是千百万，却不用花费一分钱。

微笑是万物的精神阳光

我们不喜欢那些忧郁、阴沉的人，正像不喜欢那些带给人们不良感觉的噪音一样。我们会本能地愿意接近那些和蔼可亲、趣味盎然的人。

人们不应该使自己成为感情的奴隶，无论你遇到什么样的事情，你都应该努力去支配你的环境，把你从不幸中解脱出来。

假如你能够拒绝那些夺走你快乐的魔鬼，假如你能够不让它们闯入你本来十分安静的心扉，那么它们也就不会再来骚扰你了，努力培养一种愉快的心情；假如你本来没有这种心情，只要你能努力，就一定会具有这种习惯的。

一位神经科专家告诉人们，他发明了一个治疗忧郁症的新方法。他劝告他的病人，在任何环境下都要笑。强迫自己，无论心中喜欢不喜欢，都要笑。“笑吧！”他对病人说，“连续着笑吧！不要停止你们的笑！最低限度，试着把你们的嘴角向上翘起。这样不停地笑时，看你感觉怎样！”他就用这种方法治愈他的病人。

微笑是精神的阳光，没有阳光，万物都不可能生长。你在生活中，同样需要笑容，在笑容中观察五彩缤纷的真实的生活。

贝特丽丝·伯恩斯坦已70多岁了，她两次寡居，但她仍尽情地生活——探望儿孙、读书、旅行、义务演出，过着快乐的生活，她说：

“我已经过了生命的巅峰，但仍然享受下坡的快乐，做了快9年的寡妇，我为自己创造了一个充实且愉快的生活。

“我和同龄人一起环游世界，他们和我有同样嗜好，也需要伙伴。活动中，我在内坦亚的看护中心担任祖母的角色，要照顾从18个月到3岁的小孩子。没错，有时工作很烦很累，但是能提供服务，付出爱以及得到爱，这为我带来一种就像照顾自己亲生孩子般的快感。”

在伯恩斯坦太太76岁生日时，满屋的朋友共同举杯祝福她：“祝您活到120岁！”伯恩斯坦太太的笑绽开了额头的皱纹：“我也许刚好可以活到那么老，可就剩下44年了。”

丘吉尔曾经说过：“我认为，除非你理解世上最令人发笑的趣事，否则你就不能解决最棘手的难题。”

其实生活也就这么简单，简单得就好像露出笑容一样。

为笑而笑，这就是笑的最好理由。其实，生活中最廉价也最为珍贵的礼物便是笑，因为它让你的生活充满阳光。

微笑是征服世界的武器

谁要想成功就得和外界建立良好的关系，这一点谁都懂得，但要怎样做才能达到目的呢？答案是，和别人交往，要使对方快乐，首先就要使自己觉得很快乐，千万不要吝惜自己的微笑。

这是来自纽约的股票经纪人斯坦因·哈特的亲身经历。他的例子虽非绝无仅有，但实在值得我们学习，要想使自己觉得很快乐，千万不要吝惜自己的微笑，下面便是他的手记：

我结婚 18 年了，这 18 年来，从清晨起床到上班之前的这段时间，我从未对太太笑过。我们所说的话，也不会超过 20 句。严格地说我是一个非常难相处的人。

后来有人建议我进行一星期的微笑运动，我下决心试试看。第二天早上，我在镜前梳头时，我对着镜中那张严肃的脸孔说道：

“斯坦因·哈特，不要一直绷着脸，努力笑一下！你看，这样不是很好吗？”

吃早餐时，我微笑着对太太说：“早安！”太太的反应比我想象中的还要强烈。等她恢复平静后，我告诉她，从今以后，我要永远如此。

自我改变态度，不再吝啬笑容后的三个月，我家的情况有了显著的改变，我体验到以前从未感受到的幸福。现在我每天出门上班，便以微笑和电梯管理员及大厦管理员打招呼。坐地铁时，也对卖车票的人点头微笑。在办公室里也一样，我向从未看过我笑的人咧嘴微笑。开始时，对方也觉得我很奇怪。不久，大家也以微笑回报我。

如果有人与我争辩或蛮不讲理，我就以开朗的态度对待他们。同时在听他们发怨言时，也不忘记露出微笑。如此，再棘手的难题也迎刃而解了。而且在我懂得微笑后，财源也滚滚而来。

也许这位股票经纪人的微笑是很诚恳而迷人的，所以他能征服许多人，我们在日常生活中是不是也可以试试呢？

第四章 婉拒是避免尴尬的策略

婉言拒绝顾及对方感受

拒绝是一种常见的现象，但怎样拒绝而不使人难堪，让人有台阶可下，则有一定技巧。此时你应该尽可能地以最为友好热情的方式表示拒绝，让对方明白你是同情他的，而且要做到对事不对人，并要注意既表达了意思又不失委婉。

黄女士在民航售票处担任售票员，时常要拒绝很多旅客的订票要求，黄女士每天总是带着非常同情的心情对旅客说："我知道你们非常需要坐飞机，从感情上说我也十分愿意为你们效劳，使你们如愿以偿，但票已售完了，实在无能为力，欢迎你们下次再来乘坐我们的飞机。"黄女士的一番话，叫旅客们再也提不出意见来了。

在社交中，常会进行一些竞争性的文化活动，比如棋类比赛、乒乓球赛、羽毛球赛等。尽管这是文娱活动，但大家都希望成为胜利者，有经验的社交者，在自己实力雄厚，能绝对取胜的情况下，往往并不使对方因失败得很惨而狼狈不堪，反倒是有意让对方胜一两局，既不妨碍自己总体上的获胜，又不使对方太失面子。比如有些象棋高手，在连赢几盘棋后，往往会有意走错几步，让对方最后赢一两盘。为人处世正像下棋，只有那些阅历不深的人，才会一口气赢对方七八盘，对方已涨红了脸、抬不起头，他还在那儿一个劲儿地喊“将”。其实，作为社交活动，对输赢不必那么认真，主要目的还是交流感情、增进友谊、满足文化生活的需要。

很多人在谈恋爱时认为恋人很完美，花前月下，卿卿我我，有时明知道对方的某种缺点难以接受，可指出来又怕伤害对方的感情。其实，只要注意圆场，是可以让恋人接受的。雅倩非常喜欢跳舞，男友小张偏是个好静的人，正参加本专业的自学考试，却被她拉去看舞。雅倩有个很不好的习惯，不跳到舞厅关门不尽兴，久而久之小张就受不了了。有一次他们从舞厅出来已是夜里 12 点多了，小张说：“你的慢四跳得很棒，我还没看够。你一路跳回宿舍怎么样？”雅倩撒娇说：“你想累我呀！”小张一副认真的样子：“不要紧，我用快三陪你跳。”雅倩扑哧一乐：“亏你想得出，丢下我一个人也不怕我碰上坏人。”小张这时言归正传：“那你在舞厅丢下我一个人也不怕我打瞌睡被人掏了包儿。”雅倩这时才知道男友压根没有兴趣跳舞，以后就有所收敛了。

巧拒绝让人脉之路长远

人际交往中，往往有些事情是要拒绝的，拒绝不合适的馈赠，拒绝不情愿的邀请，拒绝不合理的要求，都是难以避免的事。虽然会有一时的尴尬，但如果拒绝是在当时情形下的理性选择，那就不要担心这条人脉可能会因此而受损，事实上，有时拒绝才是本着对人脉负责的态度而做出的决定，否则，谁不希望皆大欢喜呢？

例如，客户邀请自己赴宴，能去就答应下来，但如果在某些敏感时期不合适去就最好明确拒绝。说清楚自己的立场，明白商业规则的对方自然也能理解。不要当面做“欢欣鼓舞”状地接受了下来，届时又出于种种考虑而不出席，这让对方觉得你是在敷衍玩弄，反而伤害了对方的感情。

不过需要拒绝时，应以适当的形式将此意表达出来，不要把话说绝，别让别人感到难为情。

通常，拒绝应当机立断，不可含含糊糊，态度暧昧。别人求助于自己，而这个忙不能帮时，就该当场明说。当时拍了胸脯，此后却一拖再拖，东躲西藏，最后才说没办法，既误事，又害人。

但明确的态度是一回事，而具体的操作则是颇有讲究的。从语言技巧上说，拒绝有直接拒绝、婉言拒绝、沉默拒绝、回避拒绝等几种方法。

直接拒绝，就是将拒绝之意当场明讲。采取此法时，重要的是应当避免态度生硬，说话难听。在一般情况下，直接拒绝别人，需要把拒绝的原因讲明白，令对方不致产生误会。同时还应该向对方表达歉意：自己既然“受之有愧”，那就只好“却之不恭”了。

有人对拒绝的借口不屑一顾，实在不够理智。若是客户在商务交往中送了现金，按规定不能接受，但总不能不近人情地质问对方“用心何在”。不妨采用婉转的语言来拒绝馈赠，可以说：“某先生／女士，实在要感谢您的美意，但我们公司规定不能接受礼金，倘若我收了，也许下次和您谈判的人就不会是我了。”这样对方就不好强人所难了。

婉言拒绝，就是用温和曲折的语言，去表达拒绝之本意。与直接拒绝相比，它更容易被接受。因为它在更大程度上，顾全了被拒绝者的尊严，所以是对人际交往影响最小、最应该学习和揣摩的方式。

经常会在电视剧中听到这样的对白，“那，你不说话我就当你答应了啊。”其实这往往是说话者的一厢情愿。实际生活中，“默拒”通常比“默认”多，不说话，不行动，其实就是拒绝了，面对对方冷若冰霜的沉默，知机者自当知难而退了。不过这招最好慎用，因为往往对对方伤害比较大。

另外，有时候还可以尝试避而不答、“顾左右而言他”的方法，即回避拒绝法来拒绝他人。回避拒绝，就是避实就虚，对对方不说“是”，也不说“否”，只是搁置此事，转而议论其他事情。

拒绝通常是困难的，但为了人脉之路长远和可持续的发展，有时又不得不对别人说“不”，重要的是要明白自己为什么说，以及怎么说，拒绝就不会成为人际沟通的障碍。

职场中量力而行会拒绝

职场中一般来讲，我们所面临的请求可能来自部下、上级、同事或公司以外的人员。这些请求可以大致分为三类：一是与职务有关责无旁贷的；二是虽然与职务有关，但是请求的内容不合时宜或不合情理；三是没有义务给予承诺的请求。

我们往往出于下面原因不好意思拒绝不实之请（后面两类）。

1. 接受请求比拒绝更为容易。

2. 担心拒绝之后将会得罪对方或招致其在其他方面的报复。

3. 想做以为广受好评的“好人”。

4. 不了解拒绝不实之请的重要性。

5. 不知道如何拒绝。

在实际工作和学习中，从观念和技巧上总结 9 条拒绝不实之请的要领，仅供参考。

1. 耐心倾听对方的要求。即使在对方述说中途就已经知道必须加以拒绝，也要听人把话说完。既表达对其尊重，也可更加确切地了解其请求的主要含义。

2. 要明确告诉对方你要考虑的时间。我们经常以“需要考虑考虑”为托词而不愿意当面拒绝请求。内心希望通过拖延时间使对方知难而退。这是错误的。如果不愿意立刻当面拒绝，那么应该明确告知对方考虑的时间，表示自己的诚信。

3. 拒绝的话不要脱口而出。要站在对方立场上严肃地思考，一定要显示出明白这个请求对其的重要性。

4. 拒绝的时候要和颜悦色。首先感谢对方在需要帮助时可以想到你，并且略表歉意。注意，过分的歉意会造成不诚实的印象，因为如果你真的感到非常抱歉的话，就应该接受对方的请求。

5. 态度要坚决。不能因为对方再次的说服而改变想法，因为这样会给对方以为有回转的余地，对己对人都不负责任。甚至耽误对方办事，为双方之间埋下不愉快的种子。

6. 必须指出拒绝的理由。指出真诚的并且符合逻辑的拒绝的理由最好，有助于维持原有的关系。如果你觉得拒绝的理由不充分，也可以直接拒绝不说明理由。千万不可编造理由，因为谎言终究会被揭穿。当你说明理由后，对方试图反驳，你千万不可与之争辩，只要重申拒绝就行了。争辩会把理性转化为感性。

7. 对事不对人。一定要让对方知道你拒绝的是他的请求，而不是他本身。

8. 拒绝之后，最好可以为对方指出处理其请求的其他可行办法。

9. 千万不可通过第三方加以拒绝。通过第三方拒绝，足以显示自己懦弱的心态，并且非常缺乏诚意。

总之，成功地拒绝他人的不实之请可以节省自己的时间和精力，还可以免除由不情愿行为所带来的心理压力。关键在于：拒绝前必须将对方的利益放在考虑之内，才能做到两全。

机敏拒绝让人不致不欢

当你不得不否认或反对一个论证时，你怎么办呢？

反对是最易令人不欢的事情，然而假若能使之不怀恶意，则对方可不致不欢。

当你刚兑现了一张支票，正准备离开银行时，你遇见了一个朋友：

“你能借给我一百块钱吗？明天便还你。”明天能否遇见他，实是问题。但他知道你的钱刚从银行取出，且钱正在你的手中，那你怎么办呢？

“抱歉得很，老朋友。”你回答，“我提出这笔款项，是另有特别用途的。它只在我手头过渡一下，并不能说真正是我自己的啊！我希望你能相信我！”

这句话正是你避免不安的妙法，你并不会因此而使人烦恼。

“你肯与我结婚吗？”一青年问。

“不！”那个女孩正想这样回答，可是这回答太不聪明了，因为要表达这个意见可以利用各种方法：

“这问话太突然了。”你可以这样说。

其他还有，如：

“我不明白你说什么？”

“我目前还不想谈婚姻问题。”

“请你不要开玩笑。”

“请你不要问我这种问题。”

当然不管你怎么说，其结果对于那青年是相同的，如果你直接说不，这一来，会使他心碎，甚至使他一星期或一个月感觉不安。

这种回答，对二人间未来之友谊怎样，便要视这个女孩拒绝的方式而定。若是她毫不加以思索地冲口而出地拒绝了他，当然是会伤害了那位青年的自尊心。

用灵活策略对同事说“不”

办事不符合原则的坚决不能办。如果同事向你提出过分的、不符合原则的要求，不答应办就叫坚持原则。不能为保持一团和气而丧失立场，不论什么关系，该拒绝的一定要拒绝。不过要讲究说话方式的灵活性，根据人际关系的类型和特点，根据说话的内容、场合和时间，采取灵活的策略。

1. 委婉含蓄幽默诙谐

委婉拒绝是希望对方知难而退。春秋战国时期，有人想让庄子去做官，庄子并未直接拒绝，而是打了一个比方，说："你看到太庙里被当作供品的牛马了吗？当它们尚未被宰杀时，披着华丽的布料，吃着最好的饲料，的确风光，但一到了太庙，成为牲品，再想自由自在地活着，可能吗？"庄子虽没有正面回答，但一个很贴切的比喻已经回答了，让他去做官是不可能的，委婉地拒绝了来人。

2. 敷衍含糊拒绝

最常见的是敷衍式的拒绝，在不便明言回绝的情况下，含糊回避敷衍了事。敷衍是一种艺术，运用好了会取得良好的效果。如：有一次庄子向监河侯借贷，监河侯敷衍他道："好！再过一段时间，等我去收租收齐了，就借你 300 两金子。"监河侯的敷衍很有水平，不说不借，也不说借，而是说过一段时间收租后再借。这话有几层意思：一是我目前没有，现在不能借你；二是我也不是富人；三是过一段时间不是明确时间，到时借不借再说。庄子听后已经很明白了，但他不会怨恨什么，因为监河侯并没有说不借，只是过一段时间再说而已。这在心理学上是有希望的。

3. 用推移时间来回避锋芒

人激动时，所提出的请求有时会过激，如果不能具体解决容易陷入僵局，故对这个问题加以回避。如是个人的事，可说："这件事太复杂，先喝一杯再说"，这样表明态度，一时就使对方稳定下来，比两人争吵不休要好。在正式场合，比如在开会时引起争吵的话题，会议主持人应先承认问题的重要性，然后说："这个问题太棘手，我考虑以后再回答"，从而牵制住对方。在对方看来，"这个问题，改天再说"的答复，比明确拒绝要好，可缓和激动情绪，收敛锋芒，不再纠缠。

4. 爱莫能助愿意帮别的忙

如果一位同事想把自己的工作转给你来做，你千万要避免出自本能的拒绝："哎呀，您的事我可做不了。"

为了慎重起见，你不妨这样对他说："我非常愿意帮您的忙，但事不凑巧，我手头的那份工作还没干完。不妨您先做着，或许我还能帮您干点别的什么？"

技巧性拒绝满意你我他

人们办事不会总是一帆风顺的，总会有一些拒绝与被拒绝的事情发生。心理学告诉我们，当一个人明确表示否定时，他的整个身心都会处于十分紧张的收缩状态，这时，他的傲慢、执拗的个性，甚至走向反目的情况随时会爆发出来。而提出要求遭到拒绝的一方，更会因此而产生紧张和不愉快的情绪。然而，对于不合理要求或无法予以承诺的事情，该拒绝的一定要坚持原则，予以拒绝。但这需要把握一个度，掌握一定的技巧，使自己能轻松愉快地说"不"字，也能使对方高高兴兴地接受"不"字。

1. 推托方式

可以借助一些表情和动作加以婉拒。当别人问你：“喜欢麦当娜吗？”你心里若不喜欢，又不想扫对方的兴致，这时可以不表态，一笑置之。有人在背后议论别人，你不想赞同，就不要参与议论，只要表现出已接受到信息，但对信息不加评论就行了。

也可以用“拖”表示拒绝。如同事约你晚上去卡拉OK唱歌，你可以回答：“晚上再约吧，到时我给你去电话。”“哎呀，真不巧，正赶上我在外头办事，到时我争取去！”再如，有人知道你刚得到一笔稿费，向你借钱，你可以含糊地回答：“我前天已答应我爱人做一件大衣，并且已经订购了。你若实在急用，我回去跟我爱人商量一下再告诉你。”如向你借钱者还一再要夺人所爱，你也可以继续理直气壮地继续推托，直到对方死心。但要注意，态度要不温不火。

2. 转移方式

一位老爷爷见到他熟悉的4岁小孩，小孩左手拿着苹果，右手拿着橘子，兴高采烈地在老爷爷面前摇来晃去。老爷爷逗乐道：“丁丁，幼儿园的老师都夸你很乖，很懂事。你现在又有苹果又有橘子，吃不完，给我一个好吗？”老爷爷以为，丁丁肯定舍不得苹果，只会给他橘子呢！不料，丁丁却一本正经地回答：“爷爷，你快去，我妈那儿还有呢！”老爷爷一时语塞，想不到4岁的孩童竟能巧用大人们都不善用的转移拒绝方式。

3. 留有余地方式

从人际关系角度考虑，拒绝要尽可能把理由讲充分。从接受者心理接受能力考虑，要给对方留出足够的思想准备空间。这样在适当时拒绝对方，还能让对方感到你至少已尽了力了。如某人托你介绍一份工作。你难以办到。回头他问："前些日子拜托你的事，现在怎么样了？"你可以回答："不好办啊，上次同你讲了，你的学历不符合要求，硬件不够，何况名额又那么少，僧多粥少哇。不过我可以去问问其他单位，碰碰机会。当然我们都不要太乐观噢。"这里虽未拒绝，但已为下次的拒绝准备了台阶。

4. 婉转方式

对上司或主管交办的工作，出于责任心需要反对或拒绝，那么，既要坚持主见又要保护上司的体面，该选择什么样的拒绝方式呢？可以选择上司意见中被你认同的地方加以肯定，尔后提出相反意见，即先通过恭维打消上司意见被拒绝的不悦，让其不失体面。"主任说得对，在这方面，我们的确应给予充分的重视，这是解决问题的前提之一。我认为除此之外，还应当……"后面提出自己的观点，通过举例说明，让上司意识到你的观点比他的观点更切实可行。不要因为看到上司脸色不好又忙不迭地改变自己的观点，附和上司。这样非但解决不了问题，还暴露出自己胆怯无主见的平庸一面。

5. 外交辞令方式

生活中当我们暂时无法确定"是与不是"时，"无可奉告""天知道""这个，我也不懂""难说"等外交辞令都可以借用。

诚然，拒绝总是令人不快的，拒绝的目的无非是减轻双方，特别是对方的心理负担，并非玩弄"技巧"捉弄他人。需要注意的是，拒绝时态度要诚恳。结束交谈时，要热情握手，略表歉意。一次成功的拒绝，可能为将来的重新握手或更深层次的交际播下希望的种子。

拒绝语言要明确而坚定

拒绝语言必须明显，不能乱拐弯。

有男性对你有好感邀请你约会并不是大不了的事，或接受或拒绝，或是什么，都该表明态度，暧昧的态度，只会使男性焦躁，这才是要不得的态度。如果要拒绝就明显拒绝，不然就算你真的打算拒绝，却因没有使对方明白，而使对方一直邀请你，更让你避之唯恐不及。女性暧昧的拒绝法，如一句“很好”，便是很具有代表性的例子。在男性问你“今天晚上一块儿吃饭好吗”时，你若回答“很好”，那可就莫名其妙了。不知你是接受还是拒绝。如果接受，那就表示“哇！太棒了，一定带我去”。如果是拒绝，那就表示“可惜，不能一块儿去”。总之，言语必须确实明白地表达出你的想法，不要使人不知所云。

在喝酒时，若用暧昧的拒绝法，更会显眼，有人问：“再来一杯怎样”时，要明确回答：“我已经喝好了，不能再喝了。”如果你说“我已经喝得这样了……”，就无法使人了解你到底喝了多少，或许对方会认为你还能喝呢？所以，要想早点回去，就要说出：“我要先走”，然后站起来。如果还说“那么，慢慢地……”，那不被挽留，我才感到奇怪哩！

以趣谈理免拒绝之尴尬

幽默的语言具有鲜明的个性和趣味性，很容易吸引人们的注意力，给人们留下深刻的印象。而且，现代社会中一个具有幽默感的人往往更容易被他人所接受。所以，在与他人交往中，完全可以多用一些风趣、幽默的语言来增强说理的吸引力、感染力。

文学大师钱钟书先生是个“甘于寂寞”的人。他不愿被人炒作，也不愿抛头露面，只想一心做学问。他的《围城》出版后，在国内外都引起了轰动。很多人对这位作家比较陌生。许多记者想见一见他，但都被他谢绝了。

一天，一位女士打来电话，说她很喜欢《围城》，想见见钱先生。

钱钟书婉言拒绝，但那位女士却十分执着，最后钱钟书实在没有办法了，便以其特有的幽默语言对她说：“假如你吃了一个鸡蛋觉得不错，你认为有必要去认识那只下蛋的母鸡吗？”

以趣谈理，用幽默风趣的语言谈论道理，特征在趣，目的在理。恰如其分的幽默风趣的语言，可以使人在笑声中愉快地领悟你言语中的道理，接受你的劝说。

幽默虽会引人发笑，但引人发笑并不是目的，而是为了营造拒绝的气氛，使对方在愉悦之中得到深刻的启示，在心中留下轻松、活泼、美好的智慧痕迹。

正如莎士比亚所说：“幽默和风趣是智慧的闪现。”要成为有幽默感、善于以趣谈理的人，首先应该加强自身的文化修养；其次还要注意培养自己的机智敏锐和乐观主义的精神，保持乐观的心情。

“献可替否”改变话头巧拒绝

转移重心，改变话头是拒绝的一种艺术。《左传·昭公二十年》中有一句话：“君所谓可，而有否焉，臣献其否，以成其可；君所谓否，而有可焉，臣献其可，以去其否。”“献可替否”已成为一个成语，意思是建议可行的而替代不该做的。别人所托之事千奇百怪，对于违背原则之事，应在讲明道理之后，帮助想一些别的办法作为补偿。因为一般人都有一种补偿心理，如果你想的办法不很理想，但你已经尽力了，对方的情感便得到了满足，这在一定程度上减少了失望感；如果你的办法帮助别人圆满解决了问题，那别人会更满意。

有个叫王伟的青年，有一天去拜访秦天，想把一块地卖给他。

秦天很认真地听着王伟的讲话，一直没有说话。听完王伟的陈述后，秦天并没有做出“买”或者“不买”的直接回答。

而是从桌子上拿出一些类似纤维的东西给王伟看，并对他说：“你知道这是什么吗？”

“不知道。”王伟老实回答。

“这是一种新发明的材料，我想用它做我们汽车的外壳。”秦天详详细细向王伟讲述了一遍。

秦天这一讲就是半小时，谈论了这种新型汽车制造材料的来历和好处，又讲了他明年拟采取何种新的汽车销售计划。这些内容使得王伟摸不着头脑，但感到很愉快。在秦天送王伟走时，才顺便说了一句不想买他的那块地。

秦天如果刚开始就告诉王伟自己不想买那块地，那么势必要引起一场说服与反说服的争论，而秦天并不想进行这样的一次论辩，于是巧妙地转移了话题，从而成功地拒绝了对方的销售要求。

当你不愿意答应别人向你所求的事情时，可用巧妙转移话题的方法，让对方处于被动的地位，从而改变对方的意图，达到拒绝的目的。

很多时候，使用转移话题的方法需要把话题转移到对方身上，有时需要把话题引导到不着边际的地方，关键是看你所应对的事情和人物，以及你所要达到的目的。如果你是想拖延时间，迂回地拒绝，当然最好是把话题引到丝毫不相干的地方；如果你是想让对方知难而退，那就需要将话题巧妙地转移给对方。

第五章 迂回是不失自我的技巧

换位思考与上司好相处

工作中常会与上司意见相左，甚至发生冲突。你觉得上司无理取闹，而上司觉得你不服管教。你坚持相信自己是对的，有理，但难以说服上司。也许因为你与上司的立场不完全相同。你们的冲突可能是立场的冲突。

1. 你与上司的责任不同

你只要对你手里的工作负责，而上司要对包括你，但不仅限于你的整个团队的工作负责。你只管你的一亩三分地，而他要守护的是整个麦田。比如，你是一个销售员，负责 10 个客户；而你的上司作为部门经理，可能要对团队里的 100 个客户负责。对你来说，这 10 个客户就是你的全部，你希望尽你所能，把你全部的努力都放在这 10 个客户上，并得到公司的资源支持。但对于上司来说，依据对公司业务的贡献度，团队的 100 个客户可能有优劣之分，他希望把最优质的资源放在最优质的客户身上，为公司赢得最大的利益。而最优质的客户不见得在你身上，或者只有少部分在你身上。那上司有可能出于整体利益的考虑，做出一些工作安排，对你的客户也许不是最有利的，而是对最优质的客户有利。这时候，你们因责任不同，就产生了冲突。

2. 你与上司的高度不同

因为你与上司的责任不同，所以你们看问题时，站的高度就不同。而上司比你有机会得到更多的信息资源，视野也更开阔。面对同一问题，你的高度是 10 个客户的责任，而你上司的高度就是 100 个客户的责任。相比上司，你也许只是窥豹一斑。你只看到泰山上的一块岩石，就认为泰山是褐色的；上司看到了全部的泰山，认为泰山是绿色的。那你觉得如果你和上司争论，泰山到底是褐色还是绿色的问题，能有什么意义？

3. 你与上司的汇报对象不同

你汇报的对象就是你的上司。你在日常工作中，经常与其接触，了解其要求、工作方式和喜好。通常情况下，你的上司也有上司。就像你的工作汇报给你的上司满足其要求一样，你的上司也得向他的上司汇报，赢得其满意。你了解你上司的要求，但你了解你上司的上司吗？毕竟不是直属，恐怕了解有限吧。即使有所了解，你一般也不会比你的上司更了解你上司的上司。你上司的上司又有不同的责任和高度，有不同的方法和喜好。当你的上司出于满足他上司的角度考虑问题时，和你所能想到的又会不同。

人际交往中都需要相互理解，换位思考。下属与上司也是。遇到意见分歧时，若试着站在上司的角度来思考，那是否会得出不同的结论？能否减少你与上司的分歧呢？

透析上司特点灵活应对

与上司关系良好，自然是称心不过的事，如此既可以拥有和谐的工作关系，也可以获得赏识、器重、指点、提拔、升职、加薪……相反，若与上司关系不和，如果他是一个喜欢报复的人，你便同“罪犯”一样，所有权益均有被中止或剥夺的可能，甚至造成严重的精神压力，影响身心健康。

总括来说：上司一般可分为以下类型：长者型、压力型、义气型、弱者型、冷感型、孤立型、无耻型以及无常型。遇到前四种上司算是你的运气，遇到后四种上司可谓你的不幸。

长者型

又可称为伯乐型。此类上司心胸宽广，气度非凡，愿意提携新人。此外，他们最欣赏有上进心的人，经常有求才若渴的感触，是最理想的上司。

其次，这种上司非常有耐性，深识知人善任的道理，主动发掘下属的才华与潜质，对于新人的过错颇能谅解，体恤下属，这种上司通常会得到众人拥戴和尊重。此外，他们亦能纠正下属的错误，让他们明白自己的过失，是非常难能可贵的上司。

当然，这种上司为数不多。如果你遇到了，那么请切记要珍惜。

不过，长者型的上司也有不足之处，往往为拉拢下属作为班底，对他们要求颇为严格。假如你是非常能干的人才，就要略加提防，因为他们也许会因为要留住人才而不择手段，令你无法创出新路子，永远受制于他。

压力型

跟随压力型的上司，你必须做好心理准备，随时有神经衰弱、错乱及崩溃的可能。因此，在此人跟前必须肯定自己能够在压力中工作，否则还是溜之大吉吧！

这种上司通常面目严肃，不苟言笑，以效率、绩效为依据，言谈举止都透露着紧张、严肃的气氛。尽管他们也懂得慰劳军心的技巧，却仍不断施加压力，要求下属一切做到最好，稍有差错便开骂。

这种上司，基本上也是在此种环境中成长的，因此他早已习惯在紧张气氛下工作与生存，所以便不自觉地不折不扣地将这一套施加在他人身上。

初出茅庐者若遇这种上司往往有喘不过气之感。不过，若你能克服种种困难，守得云开见月明，你可能发现自己进步神速，随时可有效地、独立地应付任何工作，面对困难也不畏惧，面对压力不害怕，从容不迫，应付自如，从而自身素质方面也会有很大提高。

你若遇上此类上司，其实也值得庆幸，因为你将来必定会有所成就。但假使你身体孱弱，不堪刺激，为着个人安危，避免有损身心健康，还是退避三舍吧！

义气型

若你只希望平安无事，明哲保身，那么，义气型的上司便是最理想的了。

义气型的上司有一种特性，就是把属下当作自己的亲人，友善和关心程度令人惊诧。最明显的是经常做东宴请属下，一点也不吝啬，是非常慷慨的上司。

另一方面，他们也不会过分要求属下有突出表现，体贴入微。甚至，出点错也不会斥责，为免引起属下不满，极力保持上司与下属的良好关系。

他们往往亦是可开玩笑的对象，对过头的话能一笑了之，毫不介意。遇有上层压力时自己承担所有责任，毫不畏缩。

这种类型的上司，当然是好好先生或好好小姐，是人中好人，气度不凡，充满爱心。不过，人只会在压力中才能突破自己，在这种毫无压迫感的环境工作，又怎可能训练出人才呢？业绩怎么会提高呢？

所以跟随义气型的上司，只能作为个人积累经验的过渡时期，养精蓄锐后便应勇往直前，另谋高就。

弱者型

追随弱者型上司最大的好处，当然是可发掘个人潜能，表现工作能力和受到重视与尊重，是一个相当难得的训练机会。因为，当上司无能之时，你必定要负担许多工作及独自解决难题，久而久之，你便可能成为部门中要员，担任重要角色。

弱者型上司还有一个特点：会把所有工作分配给属下，并且会安排妥当，否则也不能当你的上司了。当然，他可能是“皇亲国戚”，或是有裙带关系。

这种上司往往会为了维护自己尊严而有自大的表现，甚至经常会将属下意见和功劳归功于自己，不但毫不羞愧，还自以为领导有方。

所以，你可能会有委屈感，或因上司的无能而愤愤不平，觉得自己比他更能胜任工作。在此谨劝你千万要消除这种想法。相反地，你应该把握这个难得的机会，在工作中尽力而认真地独立处理问题。甚至，你可有意无意间咨询上司的意见，使他对你的工作表现感到满意，同时因为你有礼的态度而使彼此关系更加融洽。这些处事中的细节我们都要留意。

当你发现自己有相当实力时，你便可另谋高就，因为此型上司是不会给你升职的机会的，聪明的你自然知道其中缘由。因此，不要妄想他们会提拔你，你反而应视他们为假想敌，终有一日会把他们打败，超越他们。遇到以上四类上司，基本上是好坏参半，只要懂得应对，能顺应环境做出适当改变，成功并非奢望。

冷感型

冷感型的上司往往是喜怒不形于色，性格难以捉摸，脾气怪异，除工作之外对任何事物无动于衷。他们日常话题只会围绕工作，对其他事物漠不关心，对人际关系亦不加理会，是令属下敬而远之的人物。

与这种人为伍本来就是没有乐趣和激情可言的，作为其属下就更加凄凉，因为你不会得到赞赏和指导，只会被当作机器使用。在这种上司眼中，办公室内人际关系就是非人情化的，一切建立于功能与报酬关系中，没有感情存在。

对于他们来说，效率和结果最重要。不论你身体怎样，情绪如何变化，他们都漠不关心。这种上司每一句话都是有用的、直接和绝对的，所以千万别企图为自己的失职找任何借口，倒不如承认失职来得干净利落。

假使初上班便跟随这种上司，必须小心调节个人情绪，公私分明。要记住工作只是生活的一部分，在工作之余必须把办公室内的冷漠、压力抛诸脑后，使自己回复常态，次日再投入工作。千万别因此对自我及人际关系失去信心，因为这会间接影响到你的工作情绪，从而意志消沉。

孤立型

此类型的上司最大特点在于没有任何附属群体，往往没有其他部门协助，更难获得老板的支持和赞赏，不过，这种上司往往工作能力非常强，经常为公司立下很大功劳，所以能在职场中生存。

人际关系对他们来说是最不拿手的。所以，这种上司不会善待你，他们也无心加害于你。但在工作上也不要妄想他们会帮助你或指引你。

对你来说，跟随这种上司最不利的可能是被迫孤军作战——既不能获得上司帮助，也很难得到其他同事的配合。这无疑是孤立的领导者造就的工作环境和气氛。

虽然如此，你其实也不用过分担心和忧虑，人类是高度适应环境的动物。所谓物竞天择，适者生存。任何逆境只会驱使人们勇往直前。

无耻型

无耻型的上司往往令人想到滥用职权，压榨属下，搬弄是非，见利忘义之辈。他们表面可能凡事站在公司立场，与属下抗衡，甚至剥削他们的权益，其实只是“食敌之精”的计策——夺取他人的资源以壮大个人的力量。

较为常见的情况是，他们会运用职权，把属下的成就归于自己，去邀功，使自己的事业更上一层楼。

当他们针对某些人时，便会处处压制他、挑剔他，令他在公司内无立足之地，还会堂而皇之地指出只是为公司利益，才迫不得已采用如此做法。

但他们最擅长的是：说一套、做一套，一点羞耻心也没有。能言善辩，假惺惺，所以，听他们说话要加倍小心。

他们对于属下是一点也不刻薄的，且表现得亲切友善，如同朋友般密切相处、异常融洽。所谓“糖衣毒药”正是这种人借用经济学的物尽其用的原理，尽量利用你的价值。

由于该型上司往往针对人，以及喜欢损人利己，所以必须要和他保持良好关系，万勿得罪，否则必自寻死路。

无常型

无常型类似于无耻型，他们的侵略性、战斗力都比较弱，一般不具有攻击性。通常是笑面迎人，不过，这只是他的其中一面。

具体一点来说，他们是双面人，有双重的性格且情绪化，言行矛盾，忽冷忽热，摇摆不定，且脾气暴躁，不能自制。

这种类型的上司最麻烦的是要求前后不一致，时宽时紧，今天要这个，明日要那个，令人无所适从，不知所措。作为下属就要琢磨他的秉性，或弄清影响到其情绪变化的因素，然后随机应变。

其实，只要你花点时间，搜集一些资料，经过细心分析后，必然能发现一点端倪。

出奇制胜助你明辨是非

在形形色色的圈子里，怎样才能明辨是非，这是一个很难回答的问题。

据清朝魏息圆的《不用刑审书》记载，广东省有个绰号叫作“癫梅”的知县，判案经常独出心裁，打破常规，出奇制胜。下面是他用以癫惑人的手法判明一件冤案的故事。

有一天，一位丈夫刚从外地回来，带了许多银子，天黑赶路怕碰上强盗打劫，便把银子全部埋在距本村不远的十里坡大榕树下，趁着月色赶回家中。叫门多时，妻子才出来开门迎进。洗漱睡下后，妻子问道:“夫君奔波在外多年，得了多少银子？”丈夫答道：“这回出门数年，赚得纹银五百多两，黑夜途中恐遭劫，只好埋在十里坡的大榕树下，明天白天便可取回来。”次日早起，丈夫赶去取银子，开院门时，院门却是虚掩的，以为是自己昨晚忘记插门，便没有多疑，径直去大榕树下取银子。

可是到了榕树下一看，埋银子的地方已扒开一个坑，银子早不翼而飞了。

他瘫软在树下痛哭一场，本想回家告诉妻子丢了银子，又怕妻子说自己昨晚吹牛，净撒谎骗人，于是跑到县城报案。

听完这个埋银丢银的经过后，知县问道“你外出多少年？”答道：“出门四年。”知县又问：“家中有些什么人？”答道：“只有妻儿二人，儿子今年四岁多，是我出门前生下的。”又问：“家中有奴仆吗？”答道：“没有，一切家务由妻子操持。”又问：“昨晚回家碰见了谁，说起银子的事了吗？”答道：“没有，我半夜回家，孩子已经睡着，只是对妻子说过把银子埋在十里坡大榕树下，可我去起银子时，妻子尚未起床，孩子也在睡懒觉。”又问道：“你回家时，妻子高兴吗？”答道：“态度倒也平常。”知县又问道：“你仔细想想，家中有什么异常现象没有？”答道：“没有。”知县最后说道：“果真如此，你的案子我也难以搞清楚了。”那个丢银人沉思了一阵，说道：“今早我出院门时，院门却是虚掩的，我记得昨晚好像插上的，这是否算是异常情况？”知县听其一说，佯怒拍案大喊：“千怪万怪，都怪那棵树！你把银子寄放在那里，它却没有替你保管好，而被人偷了去！此树罪该万死。”于是命令衙役前去拔掉那棵树，并且嘱咐，拔不动就用大锯去锯，锯倒运回来，我要亲自审问那棵树！回过头来又问丢银人：“你来告状，你的妻子知道吗？”答道：“不知道。”知县告诉他：“你回家不要告诉她，否则我要罚你！明天早上你带孩子准时来县衙。”丢银人回到家，说起丢银子的事，妻子骂他骗人，他也由她骂了。

衙役们好不容易把树砍倒，蚂蚁运骨头似的往县衙大院搬运，途中路人见到官差累得满头大汗，都问运树干什么？衙役们埋怨道：“知县要开堂审树。”这话传出，如同特大新闻，一传十，十传百，方圆百里，老少皆知，都哈哈大笑，均说知县又犯“癫病”了，知县审树，真是奇闻怪事，大家都好奇起来，争先恐后从四面八方赶到县衙大院看热闹。

知县审树开始了，只见树放在院子中间，众人挤了满院。知县早把丢银人安排在审台跟前，抱着孩子佯作站着看热闹。然后命令众人，一个跟一个地从审台前经过，人们莫名其妙，只好像向遗体告别一样慢慢走过。突然丢银人的孩子向迎面走来的一个男人喊道：“叔叔抱我，叔叔抱我！”那男人装聋作哑便想溜过。知县叫住那个想溜的男人，问道：“你认识这小孩吗？”那男人摇头说：“不认识。”知县命令那男人去抱那孩子，孩子却欢喜地伸手求抱，甚为亲密。知县让丢银人问其孩子：“这个叔叔你在哪里见过吗？”小孩答道：“这是我家叔叔。”又问：“叔叔喜欢你吗？”答道：“喜欢！”又问：“叔叔喜欢妈妈吗？”答道：“喜欢！”知县听完孩子的答话，指着那男人喝道：“就是你，盗窃了大树下的银子，赶快从实招来。”那男人矢口否认。知县训斥道：“你放聪明点儿！前天晚上你在丢银子人家偷听到他们夫妇说话后开门出院，便去大树底下取走了银子，赶快从实招来；否则两罪并罚，严惩不贷。”那男人见事已败露，又怕激怒知县，追究奸情就更麻烦了，只好老老实实交代并如数交出全部银子。知县为了照顾丢银人夫妻关系就没有再过问奸情之事。

结案之后，众人有些不解。知县说，我从丢银人讲述的经过中，觉察到有人偷听到他们夫妻的谈话，从丢银人说早上出去时门是虚掩着的，判断此家半夜有人出门，而这个人又是丢银人回家之前就待在院子里的，大有奸夫之嫌，究竟是谁，只有叫小孩来认。审树不过是以癫惑人。利用审树制造一种奇闻，因为越是奇闻就越会招来好奇的人前来看热闹，犯了法的人更关心审案的事，必然要来看个究竟，这就给小孩提供认其母相好之人的场合和对象。一席话说得大家恍然大悟。

圆通做人必定成就大事

圆通做人，而非圆滑世故，在为人处世的过程中，不动声色地把问题处理好，让人不会觉得你虚伪狡诈，这样的人才有所成就。

做人要讲究方圆之道，人活在世上，无非是面对两大世界，身外的大千世界和自己的内心世界。人，一辈子无非是做两件事，做事和做人。怎么做事和怎么做人？从古到今都是人类探讨的课题。

做事大方，便是说做事要遵循规矩，遵循法则，绝不可乱来，绝不可越雷池一步，这个理在中国好像已流传了上千年。

每一个行当都有自己绝不可逾越的行规。为商要奉行的金科玉律是一个“诚”字。真正的大商人必是以诚行天下，以诚求发展，绝不会行狡诈，为一些蝇头小利或眼前得失而失信于天下。做学问信奉的是一个“实”字。一步一个脚印，一天一点长进方能积少成多。那些虚假的沽名钓誉之辈终将会成为笑话。

做人要圆，这个圆绝不是圆滑世故，更不是平庸无能，这种圆是圆通。是一种宽厚、融通，是大智若愚，是与人为善，是居高临下、明察秋毫之后，心智的高度健全和成熟。不因为洞察别人的弱点而咄咄逼人，不因为自己比别人高明而盛气凌人，任何时候也不会因坚持自己的个性和主张让人感到压迫和惧怕，任何情况都不会随波逐流，要潜移默化地影响别人而又绝不会让人感到是强加于人。这需要极高的素质，很高的悟性和技巧，这是做人的高尚境界。

圆的压力最小，圆的张力最大，圆的可塑性最强。如果人真正有大智慧、大胸襟，真正能自强自信、心态平和、心地善良，凡事都往好的一面想，凡事都能站在对方的立场为他人着想，人的弱点皆能原谅，即便是遇见恶魔也坚信自己能道高一丈，如真能那样，人还有什么做不好呢？

如若不是这样，凡内心孤独的人必喜虚张声势；内心弱的人必好狐假虎威；心中有鬼的人必爱玩弄伎俩；没有自信的人必会尖酸刻薄。试问这样做人又如何谈圆？

当然也不乏有人为了某些利益和目的不惜敛声屏息，不惜八面讨好，不惜左右逢“圆”，但这种“圆”和那种圆绝对有本质的区别，这种“圆”的后面是虚伪和丑恶。

圆通做人，而非圆滑世故。在为人处世的过程中，不漏声色地把问题处理好，让人不会觉得你虚伪狡诈，这样的人才会成就大事。

方圆技巧教你左右逢源

这世界是个大家庭，不能仅靠一个人的能力去做事，还需要人与人之间的相互帮忙才能办成人生的大事情。

学会和不喜欢的人相处、合作做事，是一种方圆技巧。人的某种本能趋势就是与自己喜欢、欣赏的人靠近，同样也就远远地躲开那些自己不喜欢、不愿意打交道的人。然而，生活中没有那么多的随心所欲，由于各种各样的原因，我们经常要与自己不喜欢的人，甚至是与自己相敌对的人打交道，这就需要用到一些技巧，那就是用真诚的态度对待每一个人，包括你不喜欢的人。

当遇到与我们意见不一致的人时，应该怎么做呢？

哈蒙曾被誉为全世界最伟大的矿产工程师，他从著名的耶鲁大学毕业后，又在德国弗莱堡大学学习了 3 年。毕业回国后他去找美国西部矿业主哈斯托。哈斯托是个脾气执拗、注重实践的人，他不太信任那些文质彬彬的专讲理论的矿务工程技术人员。

当哈蒙向哈斯托求职时，哈斯托说：“我不喜欢你的理由就是因为你在佛来堡做过研究，我想你的脑子里一定装了一大堆没有实践过的理论。因此，我不打算聘用你。”

于是，哈蒙假装胆怯，对哈斯托说道：“如果你不告诉我的父亲，我将告诉你一句实话。”哈斯托表示他可以守约。哈蒙便说道：“其实在佛来堡时，我一点学问也没有学回来，我尽顾着实地工作，多挣点钱，多积累点实践经验了。”

哈斯托立即哈哈大笑，连忙说：“好！这很好！我就需要你这样的人，那么，你明天就来上班吧！”

在有些情况下，别人所争论不休的论点，对自己来讲反而不那么重要。比如，哈蒙从哈斯托口中听到的偏见，这时，我们所需要的不是去斤斤计较，而是尊重他的意见，维护他的“自尊心”而已。

敏锐的人在对付反对意见时常常尽量使自己做些“小让步”。每当一个争执发生的时候，他们总是在心里盘算着：关于这一点能否作一些让步而不损害大局呢？因此，无论在什么时候，应付别人反对意见的唯一的好方法，就是在小的地方让步，以保证大的方面取胜。另外，在有些场合，应该将你的意见暂时完全收回一下。

曾有一位不速之客突然闯入洛克菲勒的办公室，直奔他的写字台，并以拳头猛击台面，大发雷霆：“洛克菲勒，我恨你！我有绝对的理由恨你！”接着那闯入者恣意谩骂他达 10 分钟之久。办公室所有职员都感到无比气愤，以为洛克菲勒一定会抓起墨水瓶向他掷去，或是吩咐保安员将他赶出去。然而，出乎意料的是，洛克菲勒并没有这样做。他停下手中的活，用和善的眼神注视着这一位攻击者，那人越暴躁，他便显得越和善！

那攻击者被弄得莫名其妙，他渐渐平息下来。因为一个人发怒时，遭不到反击，他是坚持不了多久的。于是，他咽了一口气。他是准备来此与洛克菲勒作斗争的，并想好了洛克菲勒将要怎样回击他，他再用想好的话语去反驳。但是，洛克菲勒就是不开口，所以他不知如何是好了。

末了，他又在洛克菲勒的桌子上敲了几下，仍然得不到回应，只得悻悻地离去。洛克菲勒呢？就像根本没发生任何事一样，重新拿起笔，继续他的工作。

不理睬他人对自己的无礼攻击，便是给他最严厉的迎头痛击！成功者每战必胜的原因，就是当对手急不可耐时，他们依然如故，显得相当冷静与沉着。

坦诚认错让你远离失败

你不小心犯了错误，最好的办法是坦诚地承认和检讨错误，并尽可能快地对事情进行补救。只要处理得当，你仍然可以立于不败之地。

格里·克洛纳里斯在西尔公司做采购员时，他发现自己犯下了一个很大的错误。有一条对零售采购商至关重要的规则是不可以超支你所开账户的余额。如果你的账户上不再有钱，你就不能购进新的商品，直到你重新向账户内存入足够的钱——而这通常要等到下一次采购。

那次正常的采购完毕后，一位商贩向格里展示了一款极其漂亮的新式手提包。可这时格里的账户余额已经告急。他知道他应该在早些时候就备下一笔应急款，好抓住这种叫人始料未及的机会。此时他知道自己只有两种选择：要么放弃这笔交易，而这笔交易对西尔公司来说肯定会有利可图；要么向公司主管承认自己所犯的错误，并请求追加款项。正当格里坐在办公室里苦思冥想时，公司主管碰巧顺路来访。格里当即对他说："我遇到麻烦了，我犯了个大错。"他接着解释了所发生的一切。

尽管公司主管不是个喜欢大手大脚花钱的人，但他深为格里的坦诚感动，很快设法给格里拨来所需款项。手提包一上市，果然深受顾客欢迎，卖得十分火爆。而格里也从超支账户存款一事中吸取了教训，并且更为重要的是，他意识到这样一点：当你一旦发现自己陷入了事业上的某种误区时，怎样爬出来比如何跌进去会显得更加重要。也就是说，坦率地承认错误比费尽心思去掩盖错误更明智。

模糊语言助你进退自如

运用模糊语言是社交场合尤其是谈判中经常使用的留有余地的重要手段。因为受到人的思想情绪、谈判内容、周围情境等诸多因素的制约，谈判的过程一般来说总是复杂多变的，节外生枝、出现始料未及的情况是常有的事。因此，谈判的过程中，说话一定要注意分寸，留有余地，不能说“满口话”，要使话语具有一定的弹性，给自己留下可以进退的余地。

有一艘豪华客轮在即将到达旅游停靠点的时候突然停了下来，原来是客轮的驾驶室里出现了一些问题。游客们在经过几十分钟的等待之后，终于忍不住内心的不满和焦躁，纷纷把矛头指向了导游，质问事先为什么没有做客轮的检查，追问客轮什么时候才能重新起航。面对情绪激动的人们，导游却镇定自若，脸上一直带着微笑，心平气和地向大家解释：“请大家不要着急，客轮并没有什么大问题，只是出现了一点小毛病而已。技术人员正在做检查，一会儿就修好了。为了大家的安全，请大家耐心地等一会儿，不要走远，更不要站在危险的地方，客轮马上就要起航了。”导游不断地重复着这些话，游客们的心情也就慢慢平静了下来。

导游在回答旅客的质问时，用了一连串的“一会儿”“马上”等模糊的词语，既避免了游客的情绪再度波动，又因为没有给出确切的答案从而给自己留下了余地。她在安慰声中，并没有给予确切的时间承诺，却用一连串的模糊语言让游客们安静地等待了一个多小时。我们不妨设想一下，如果导游为了安抚游客，盲目地讲“15 分钟之后就可以起航了”，而 15 分钟之后客轮依然停留在原地，那么很可能会激起游客的怒火。在游客的盛怒之下，将自己逼往绝境的导游再做出任何的解释都是没有用的，反而会加重游客们的怨气。那么，我们在社交中，在什么样的情况下使用模糊语言呢？

在社交中，运用模糊语言应对请求是一种常用的方法。

它可以令你巧妙地对对方的请求做出含蓄、灵活的表态，因为不直截了当地表示态度，就避免了与对方的正面交锋。

谈话高手们都知道，说出的话就像泼出去的水，出去就收不回来。为了防止授人以柄，模糊语言是给自己留余地的最好方式。

当别人请求你办事时，他一定是满怀着希望来找你，希望事情能够办成。你满口答应，想真心帮助他，可是不怕一万就怕万一。万一最后因为某些没有预测到的原因，事情没有做好，那么，不仅对方失望，你也会从此失信于人，你的威信和声誉会遭到不应有的损失。最有智慧的做法就是模糊应对，不把话说死。这样你才能进退自如，给自己留下一个仔细考虑、慎重决策的退路，不至于陷入被动的境地，也不会影响双方的关系。即使最后真的没有办成事，对方也不会长时间地耿耿于怀。

如果你觉得对于对方的请求能力有限，基本上帮不上什么忙，也别忘了运用模糊语言来应对，因为这样可以安慰对方的情绪。当对方寄予厚望来找你，而你却生硬地拒绝。对方很可能会因此失望或难过，心理上难以平衡，情绪上难以稳定，严重的还会产生偏激的言行，这对于你的人际交往极为不利。假若你不把话说死，对方就会感到事情并不是毫无希望，也许经过努力事情会慢慢好起来，因而情绪上得到了安慰，言行不会过于激烈。

比如对某些很难一下子做出回答的要求和问题，可以说：“我们将尽快给你们答复。”“我们再考虑一下。”“最近几天给你们回音。”这里的“尽快”“一下”“最近几天”都具灵活性，留有余地，可使自己避免盲目做出决定而陷入被动局面。

不慎失言可用妙语弥补

人有失足，马有失蹄。失足了可以再站起来，失蹄了可以重新振作，而人失言了可以用妙语去弥补。

作为空姐，朱莉叶小姐常常接受严格的语言训练。尽管这样，她有时还是不免失言。

那次在航线上，她和往常一样本着顾客至上的服务精神，热情地询问一对年轻夫妇，是否需要为他们的幼儿预备点早餐。那位男顾客略显歉意地答道：“不用了，孩子还在吃母乳。”

没有仔细听这位先生的后半句话，为进一步表示诚意，朱莉叶小姐毫不犹豫地说：“那么，如果您孩子需要用餐，请随时通知我。”

这位先生先是一愣，随即大笑起来。朱莉叶小姐这才如梦初醒，羞红了脸，为自己的失言窘得不知如何是好。

“人有失足，马有失蹄”。在人们的交际过程中，谁都免不了发生言语失误。虽然其中原因有别，但它造成的后果却是相似的，或贻笑大方，或纠纷四起，有时甚至不堪收拾。

在实践中，遇到这种情况，有三个补救办法可供参考：

1. 移植法，就是把错话移植到他人头上。如说：“这是某些人的观点，我认为正确的说法应该是……”这就把自己已出口的某句错误纠过来了。对方虽有某种感觉，但是无法认定是你说错了。

2. 引申法，迅速将错误言词引开，避免在错中纠缠。就是接着那句话之后说：“然而正确说法应是……”或者说：“我刚才那句话还应作如下补充……”。这样就可将错话抹掉。

3. 改义法，巧改错误的意义。当意识到自己讲了错话时，干脆重复肯定，将错就错，然后巧妙地改变错话的含义，将明显的错误变成正确的说法。

“难得糊涂”参透世间之事

某校某班在一次高考中，数学和外语成绩突出，名列前茅。校长在评功总结会上这样说：“数学考得好，是老师教得好；外语考得好，是学生基础好。”

在座教师听罢议论纷纷，都认为校长的说法显得有失公正。一位教师起身反驳：

“同一个班，师生条件基本相同。相同的条件产生了相同的结果，原是很自然的事，不公平的对待，实在令人费解。原有的基础与尔后的提高，相互联系，不能设想学生某一学科基础差而能提高得快，也不能设想学生某一学科基础好而不需要良好的教学就能提高。校长对待教师的劳动不一视同仁，将不利于团结，不能调动广大教师的积极性。”

会场有人轻轻鼓掌，然后是一阵静默。而静默似乎比掌声对校长更有压力和挑战意味。校长没有恼怒，反而“嘿嘿”地笑起来，他说：

“大家都看到了吧，王老师能言善辩，真是好口才。很好，很好！言者无罪，言者无罪。”

尽管别人猜不透校长说这话的真实意思，然而却不得不佩服他的应变能力。他为自己铺了台阶，而且下得又快又好。听了上述回答后，无人再就此问题对校长跟踪追击。

既要撤退，就不宜作任何辩解，辩解无异于作茧自缚，结果无法脱身。

谈话艺术让你游刃有余

清代文学家、书画家郑板桥有一句著名的话：“难得糊涂”。所谓“难得糊涂”实际上是最清楚不过了。正因为他看得太明白、太清楚、太透彻，却又对个中缘由无法解释，倘若解释了，更生烦恼，于是便装起糊涂，或说寻求逃遁之术。

现实人生错综复杂，确实有许多事不能太认真，太较劲。做人太认真，不是扯着胳臂，就是动了筋骨，越搞越复杂，越搅越乱乎。顺其自然，装一次糊涂，不丧失原则和人格，或为了公众为了长远，哪怕暂时忍一忍，受点委屈，也值得，心中有数（树），就不是荒山。有时候，事情逼到了那个份上，就玩一次智慧，表面上给他个“模糊数学”，让他丈二和尚摸不着头脑，也是“难得糊涂”。评职、晋级时，某候选人向你面授机宜，讨你个“民意”，你明知道他不够格儿，可又不好当面扫他的兴，这时候你该怎么办？不哼不哈，或嘻嘻哈哈，投票时再认真，不失原则。人格呢，似乎也不失，当事人问到了，坦诚指出他不够格儿的地方，不问便顺其自然。“难得糊涂”是既可免去不必要的人事纠纷，又能保持人格纯净的妙方。

谦虚地陈述问题，避免触犯别人

骄傲的人是不受欢迎的，吹嘘自己的人更会令人生厌，谦虚并不等于贬低自己，而是用另一种更好的方式表达自己。

对人的性格颇有研究的富兰克林，在早年的时候曾列过一张表，列举各种他所要达到的美德。经过几年的身体力行，他获得了相当大的成就。但到了后来，他还找出一个极应当达到的美德。他说：“我在当初的表里，曾列举了 12 种美德。但有一天，一个朋友告诉我，说大家都认为我很自傲，原因是我在谈话中一贯坚持自己的主张，而且有轻视别人的样子。我听了他所说的话，立刻着手改正这一个缺点，并且在我所列的表上，加上了虚心这一条。直到现在，我虽不敢自夸自己在这一点上有何成就，但在表面上我确实改进了不少。我决心处处避免触犯别人的感情。我还下决心换掉自己过去经常使用的，带有武断性质的口头语。这样过了一段时间，我发现我陈述问题时所用的谦虚方式很容易被人接受而绝少遭人反对。

“我在矫正的过程中，当然遇到了很大的困难，因为我要克服我自己的本性，但习惯成自然，慢慢地我也就习惯了。同时，我在改善自己的过程中，处处注意谈话的艺术，我时常压制自己，而让别人做一个擅长雄辩的人。”

富兰克林虽自认成功是虚心所致，但宽容与温和的效力是谁也不能否认的。在谈话中你若使用强硬的态度，我想对方一定会立刻反对你或敌视你，这样一来，你是肯定不能收到好的谈话效果的。

无论你说什么样的话，无论在任何环境之下，无论你的话是有意或是无意，对方都是会仔细听并详细分析的，在这种情形之下，对方的理解往往会和你的原意大相径庭。比如，你在叙述一件自以为得意满足的事情，你认为这样可以表现你的胆量、你的机警和长处。但别人是否会有同感呢？也许有，也许没有，这就要看你如何运用你的表情、你的谈吐去影响别人与你有同感了！

这样说，并不是叫你隐藏自己的长处，也不是叫你贬低自己的身价，更不是叫你在谈话中缄口不言。只是想要你这样做：假使是你和一个朋友交谈，你说的话只能占50％左右；如果是三个人交谈，你说的话只能占三分之一左右；如果是十个人一起谈话，你说的话就应该占十分之一左右。总之，你无论在一个什么环境之下，说话都要适度，只有这样，才容易使别人觉得谈话的气氛平等融洽，大家才会感到轻松愉快。

瞅时机反守为攻

每一个渴望成功的人都企盼机会降临，可是机会来了，你能够抓得住吗？下面是一个年轻人让发财的机会从手边溜走的故事。

曾经有一个年轻人，渴望发财到了几乎发疯的地步。每每听到哪里有财路他就不辞劳苦地去寻找。有一天，他听说深山中有位白发老人，如果有机缘和他见面，讲述自己的要求，仁慈和蔼的老人就会答应他，一定不会空手而归。

于是，那年轻人便连夜收拾行李，赶着到深山去。他在那儿苦苦等了6天，终于见到了传说中的老人，他向老者请求赐珠宝给他。

老人就对他说：“每天早晨，太阳还没有从东边升起的时候，你就早早地到村外的沙滩上寻找一粒‘心愿石’。其他所有的石头都是冷的，而唯独那颗‘心愿石’与众不同，握在手里，你会感觉到很温暖而且会发光。一旦你寻到那颗‘心愿石’，你所祈祷的东西都可以实现。”

年轻人很感激老人，就赶快回村去。每天清晨，那年轻人便在沙滩上捡拾石头，发觉不温暖也不发光的，他便丢下海去。

日复一日，年复一年，那年轻人在沙滩上寻找了几年，始终也没找到那颗温暖且会发光的“心愿石”。

有一天，他如往常一样，在沙滩捡石头。1粒、2粒、3粒。突然，“哇……”年轻人哭了起来，因为他刚才习惯性地将那颗石头丢下海去后，才发觉它是“温暖”的！

机会降临，很多人都会不经意地让它从手上溜走，一旦发觉时才追悔莫及，当机遇悄悄来叩响你的门时，它会以这样或那样的形式出现，并且可能来自不同的方向。

著名发明家爱迪生成功地完成了一项办公室设备的发明，当时被人们称为“爱迪生口授机”。然而，爱迪生的业务员对这个“爱迪生口授机”不是很看好。他们认为这种机器实在是很难推销。可是想成为爱迪生的合作伙伴的伯恩斯却认为自己千载难逢的机会来了。

这个机会是悄悄地爬进来，藏匿在外表非常怪异的机器内的。当时，除了伯恩斯和发明家爱迪生两个人之外，再没有任何人对这个机器感兴趣。

伯恩斯心想，自己一定可以把外表非常怪异的“爱迪生口授机”卖出去。于是，他打定主意，向爱迪生毛遂自荐，他站出来说“我可以把它卖出去”！经过一段时间的商议，伯恩斯得到了这份销售的工作。

获得了这个机会之后，伯恩斯立即积极地行动起来，他用为爱迪生做杂工的薪水，花了一个多月的时间跑遍了整个纽约城，进行艰苦的推销。一个月之后，伯恩斯也确确实实把这种古怪的机器卖出去了，这次机器销售得非常成功，他卖掉了十几部“爱迪生口授机”。

当伯恩斯抱着销售计划回到爱迪生的办公室时，爱迪生接受他成为“爱迪生口授机”的合伙人，还和他订立了一份“爱迪生口授机”的总代理合约。

在那次合作中，伯恩斯不只为自己赚取了高额的财富，更做了一件意义非常深远的事，就是证明了一个人真的可以“勇于追逐梦想，追逐财富”。

伯恩斯最初的愿望是赚多少钱，我们不得而知。也许，他希望自己赚两三百万美元吧。但是，这和伯恩斯搞销售所获得的更大知识资产相比较来看，所获得的钱数多少已经不是很重要了。

伯恩斯获得的知识资产就是，他从销售“爱迪生口授机”中深刻地了解到“任何无形的念头”的冲动，都可以通过运用已知的成功原则，而转变为实在的财富报酬。

伯恩斯开始的时候不名一文，唯一拥有的只是清楚自己想要什么的自觉能力以及坚持努力直至实现心愿的决心罢了。但就是凭借这一点，伯恩斯获得了走向成功的机会。

第六章 动听是说服他人的秘诀

“曲径通幽”点出婉言之妙

说话要学会“绕”，正所谓“曲径通幽”，轮船要善于“绕”，才能避开险滩暗礁，一帆风顺。

有时候为了避免直言相告，还可巧妙地寻找借口来为自己解围或是保全他人的面子。

舞会上别人邀你，你内心实在不想跟他跳，可说：“我累了，想休息一下。”既达到拒绝的目的，又不伤别人的自尊心。

别人与你相约同去参加某一活动，但届时你忘记了；或过后生悔，未去赴约。直说原因，将会影响别人对自己的信任，也是对他人的不尊重。一般情况下，失约的原因可能有身体不适、家中有事、客人来访等，你可挑选较合情理的一种，作为事后的解释。

为了避免直言，运用各种暗示，以含蓄、隐晦的方法向对方发出某种寓着自己真实想法、态度的信息，以此来影响对方的心理，使对方明白自己的心意，这也不失为一个妙招。

一次，某乡党委为了加强干部管理，在工作考勤等方面作了一系列规定。决定由曾在乡属企业担任过多年负责人，不久前刚调来负责传达工作的一位老同志负责考勤登记。这位老同志认为这项工作易得罪人，不愿意干。说自己过去就是因为做事太认真，得罪了不少人，正在吸取“教训”。

听了他的话，乡党委书记委婉地讲了一个故事：某电影导演，为拍部片子四处寻找合适的演员。一天，发现了一个合适的人选，便通知他准备试镜。这个人十分高兴，理了发换上新衣，对着镜子左照右看，总感到自己的两颗犬牙不好看，于是到医院把牙齿拔掉了。后来，当他兴致勃勃地去试镜时，导演一见到他就很失望地说：“对不起，你身上最珍贵的东西，被你自己当缺陷给毁掉了，我们的影片已不再需要你了。”

故事讲完后，这位老同志懂得了“坚持原则，做事认真”正是自己最好的品质，于是他愉快地接受了任务。

在与人交谈中，慷慨激昂，锋芒外露，固然是一种本事，但细语声声，婉言相告，也是必不可缺的一种本事。

肢体语言帮你传情达意

一位心理学家指出：无声语言所显示的意义要比有声语言

多得多，而且深刻。

对此他还列出了一个公式：

信息的传递 =7%言语 +38%语音 +55%表情

虽然人们是用语言交谈，用语言传播信息，但语言并不是说话的全部。无论是说话者还是听话者，信息的准确传播和接受，都还得借助双方的表情、姿态、动作等。

真正会说话的人，不仅会用嘴说，还会用表情和肢体语言。事实上，肢体语言本来就是人们用来传情达意的一种重要方式，通过眼神、表情、手势或姿态等，可以把自己的心意传达给对方。

事实上，一个人的讲与听的过程，是交替使用跟睛和耳朵的过程。

有语言专家研究，人的感觉印象中，有 77%来自于眼睛，14%来自于耳朵，9%来自于其他感官。因此，当我们与人交往时，必须十分注意自己的言谈举止和表情。

有的人一开口就滔滔不绝，但别人却不爱听、听不懂，或者根本不想听。究其原因，问题很可能就出在他的神态举止上。神情倨傲，会伤害听者的自尊心；态度冷淡，会令听众失去听的兴趣；举止随便，会使听众对你不够重视；表情卑屈，会使听者产生怀疑；动作慌乱，会动摇听众对你的信任感；面容过于严肃，会使听众感到压抑和拘谨……可见，善于说话的人，其一举手、一投足，都将影响着信息传播的效果。

言语失误时如何道歉更高明

世界上没有人是十全十美的，也没有人是不会犯错误的，口才再好的人也可能说错话，口误这样的事情对我们每个人都是再正常不过的。碰到这种情况，只要我们用些小技巧，把口误不动声色地圆过去并非难事。所谓的“小花招”“小技巧”，则是要因人而异、分场合、随机应变地使用，运用你的聪明机智来替自己圆话，弥补自己的口误。

在人际交往中，任何人都有可能口误或说出不得体的话。在这种情况下，我们可以来个将错就错，借题发挥，这样就可以轻松地摆脱窘境，给自己解围。我们要在情急之中从容不迫地调整思维，巧妙地回答，不要就事论事，换个角度，把对方引到你的话题中，为自己打圆场。出现口误的时候，如果不及时补救，就有可能让对方抓住自己的把柄，可能造成尴尬的局面，从而影响到自己的声誉。所以，我们要学会随机应变，将自己的口误完美地圆过去。

在社交场合，我们难免有说错话的时候，常言道，人有失足，马有失蹄，口误的现象其实很正常，但是要看在什么场合，我们在平时的生活中，你说错话可能不会带来什么大的影响。但如果是在公共场合，你说错一句话，带来的影响可能就不是一点点了。

在一次婚宴上，司仪的情绪很高涨，满座的来宾也是神采飞扬，当司仪说到两个新人的恋爱史的时候有些激动，他说：“恋爱中的他们第一次牵手，品尝爱情的甜蜜，走过了恋爱的季节，又牵着手步入了婚姻的殿堂，将一起携手度过人生漫漫的旅途。现在的他们就好比一对旧的机车……”其实司仪想说的是一对新的机车，可是因为口误而说成了旧机车。一时的口误，满座哗然，大家都想看司仪怎么面对这个僵局，弥补这个口误。这对新人很不满，因为他们都是各自离异，历尽波折才成眷属的，自然以为刚才之语隐含讥讽。司仪发觉自己的言语出了错误，连忙住口。他的本来意思是想将一对新人比作新的机车，希望他们在以后的生活中能够少些摩擦，多一些谅解。但是话已经从嘴里说出来，如果硬要改过来，反倒会遭人误会，于是他马上镇静下来，不慌不忙地说道：“你们现在就好比一对旧的机车装上了新的马达。”这句话一说出口，满座的宾客无一不拍手称好。然后他又饱含深情地说道，“愿你们以甜美的爱情为润滑油，开足马力，朝着幸福美满的生活飞奔吧！”餐厅里顿时掌声响起。

交际中的失言是在所难免的，谁都不想说错话，但是当错话说出口又收不回来的时候我们又该怎么办呢？

在这种时候，我们要强改过来自然不好，明显的错误若是刻意地改过来，就像写错的钢笔字，越涂越黑，越来越难看，越来越惹人注目。我们要学会曲解词义，把讲错的地方拉回来变成正确的。错话拉正，就需要我们具备随机应变的技巧。所以在谈话中要学会巧妙地转移话题，分散别人的注意力，将对方的注意力吸引到别的事物上，把紧张的话题变成轻松的玩笑。

在说错话的时候，我们常用的补救方法大致可以分为以下3种：

1. 引申法

在我们说错话的时候，不要再继续做纠缠，要迅速地把言辞中的错误引开。可以接着刚才的那句话继续说："这句话正确的说法应该是……"或者说："我对刚才的话作以下补充……"这样就可以把之前的那句出错的话掩饰掉。

2. 改义法

所谓的改义法就是巧改错误的意义，当你意识到自己讲出口的话出现错误的时候，干脆将错就错，重复肯定，然后巧妙地改变错误的含义，将错误的话变成正确的说法。

3. 移植法

就是把说错的话移到别人的身上。可以说："这是别人的观点，我认为正确的说法是……"这样就可以把自己说出口的错话纠正过来了，对方即使听出你说错话了，但是你这样一说，也不好再说什么。

在生活中发生这些事情，我们不要慌张、手足无措，越是在这个时候，就越是要镇定自若，处变不惊。随机应变，巧妙地找到合适的补救方法来弥补你的口误。

在失言后我们要随机应变，设法挽回因失言而造成的难堪、尴尬的局面。人非圣贤，孰能无过，无论是名人，还是普通人都免不了发生语言失误的情况。在这种情况下，如果不及时补救的话，那么就会授人以柄，让对方不快，也会造成尴尬局面，从而影响自己的形象和声誉。但是，当说错话以后如果我们能来个将错就错，借题发挥，把错话说“圆”，则可以轻松地摆脱窘境。只要你用妙语，有技巧，就可以弥补得天衣无缝。

仁慈友善更易赢得胜利

假如你在愤怒之下，对别人发作一阵，你的气也许会随之消失，心中也高兴了。但是别人呢？当你高兴时他能分享到一点吗？

某工程师嫌房租太高了，要求降低一点，但是他晓得房东是一个极固执的人，他说：“我写给房东一封信，说等房子合同期满我就不继续住了，但实际上我并不想搬家，假如房租能降低一点我就继续租下去，但恐怕很难，别的住户也曾经交涉过都没成功。许多人对我说房东是一位很难对付的人。可是我自己心中说：‘我正在学习如何待人这一课，所以我将要在他身上试一下，看看有无效果。’

“结果，房东收到我的信后，便带着租赁契约来找我，我在家亲切招待他。一开始并不说房租太贵，我先说如何喜欢他的房子，请相信我，我确是‘真诚的赞美’。我表示佩服他管理这些房产的本领，并且说我真想再续住一年，但是我负担不起房租。

“他像从来不曾听见过房客对他这样说话。他简直不知道该怎样处置。随后他对我讲了他的难处，以前有一位房客给他写过 40 封信，有些话简直等于侮辱，又有一位房客恐吓他说，假如他不能让楼上住的一个房客在夜间停止打鼾，就要把租赁契约撕碎。他对我说：‘有一位像你这样的房客，心里是多么舒服。’继而不等我开口，他就替我减去一点房租。我想能多减点，我说出所能负担的房租数目来，他二话不说就答应了。

“临走的时候，他又转身问我房子有没有应该装修的地方。假如我也用那些房客的方法要求他减房租，我敢说肯定也会像别人一样遭到失败。我之所以胜利，全赖这种友好、同情、赞赏的方法。”

有一则关于风和太阳的寓言故事。风和太阳争执谁的力量大，风说道：“我能证明我的力量大，看，地下正走着一个老者身披大衣，我能比你更快地使他把大衣脱掉。”

于是太阳躲进乌云里，风使出他的威力狂吹，但是风吹得越大，那老者越用手拉紧他的大衣。

最后风筋疲力尽了，停止了，太阳从云彩里走出来，开始对着那老者和气地笑。不久那老者便用手拭去他前额的汗并将大衣脱去。于是太阳对风说：“仁慈和友善永远比愤怒和暴力更为有力。”

这是个有趣的寓言，但愿也能给你一些深刻的启示。

晓之以理仍需动之以情

社交场合中矛盾普遍存在。解决矛盾，一般都通过说服，只有经过长期说服无效，矛盾又日益激化，才采取非社交的强制手段，但那仍然需要以说服作为辅助手段。说服不限于思想教育工作，传播知识、治疗疾病、经济谈判等等，都离不开说服。即使志同道合的挚友之间，也不可能永远事事认识、见解完全一致；若要取得一致，就要通过说服。说服工作经常有，它的应用范围极为广泛。

说服人家动摇、改变、放弃己见或信服、同意、采纳你的主张，实质上是一场从精神上征服人心的战斗，但又不能使对方有丝毫被迫接受的感觉。一种崭新的学说、理论、观点、方法，即使已通过一定的实践证明其正确性、科学性、合理性，但要深入人心，仍需经过长期、反复的宣传和说服。

说服需要耐心、韧性，打持久战。但遇有特殊情况，也需要集中力量打歼灭战，速战速决。有的说服，三言两语就说到了对方的心坎上，疙瘩迎刃而解；有的说服，越说对方越不服，结果不欢而散。这说明说服有一定的规律，是一门交谈、对话的艺术。

晓之以理、动之以情，是最常采用的说服方法。

晓之以理，就是讲道理。简单的事情，小道理，一两个典型事例，再加上简明、扼要的分析，道理就可以讲清楚。复杂的事情，大道理，涉及多方面的因素，触动一点就牵动全局，必须全方位、多层次、多角度地进行一系列的说服工作，从多方面展开心理攻势，并以严密的逻辑推理，如水到渠成地得出结论。这个结论不宜由自己单方面推断出来交给对方，最好以征询意见的口气引导对方同你一起来推理，共同探讨得出。让他把你的意见、主张当作自己寻求的答案，自愿接受。这样的说服更高明。因为对于经过自己头脑思考发现的真理，人们更坚信不疑。

晓之以理，还要结合动之以情，通情才能达理。对于形象思维强于逻辑思维的青少年，对于多数平日没有深刻的理论思维习惯的人，以事比事，将心比心，运用其自身或熟人的经验教训，再加上感情色彩浓厚的语言去诉说，易令人感到亲切可信，引发情感上的共鸣，从而为接受道理扫清了障碍，铺平了道路。

真诚帮你成功说服对方

在说服对手时，用入情入理的说服技巧，容易招人喜欢，被人接纳。

有一家大型公司的总经理要租用一家宾馆的大礼堂开一个经销商会议。刚要开会，对方通知他要付比原来高三倍的租金。

没办法，总经理去找宾馆主管交涉。他说了下面这番话：

“我接到您的通知时，有点震惊；不过这不怪您，假如我处在您的位置，也许也会写出同样的通知。您是这家宾馆的经理，您的责任是让宾馆尽可能多赢利。您不这么做的话，您的经理职位难以保住。假如您坚持增加租金，那么让我们来合计一下，这样对您有利还是不利。先讲有利的一面，大礼堂不出租给开会者而出租给举办舞会、晚会的，那您可以获大利了。因为举行这一类活动的时间不很长，他们能一次付出很高的租金，比我的租金当然要多得多。租给我，显然您是吃大亏了。

“现在，再考虑一下不利的一面。首先，您增加我的租金，反而降低了收入。因为实际上等于您把我撵跑了。由于我付不起您所要的租金，我势必再找别的地方举办会议。还有一件对您不利的事：这个会议的参加者来自全国各地，他们的社会地位、文化教养、受过的教育都在中等以上。这些人到宾馆来开会，对您来说，这难道不是起了不花钱的活广告的作用吗？事实上，假如您花 5000 元钱在报刊上登广告，您也不可能邀请这些人亲自到您的宾馆参观。可我的会议为您邀请来了。这难道不合算？请仔细考虑后再答复我。”

如此入情入理的恳谈，任何人都无法拒绝。最后，宾馆经理向那位总经理让步了。这位具有出色口才的公司总经理为人们上了一堂生动的口才课。真正站在对方的立场上，为对方着想，并全面分析双方的利弊得失，说话真诚，语气亲切随和，不卑不亢，入情入理，这是成功地说服对方的真谛之所在。

言辞得体打动听者之心

真诚，是说话成功的第一乐章。曾经打败过拿破仑的库图佐夫，在给叶卡捷琳娜公主的信中说：“您问我靠什么魅力凝聚着社交界如云的朋友，我的回答是‘真实、真情和真诚’。”真实、真情和真诚的态度，是用语言打动人心的诀窍。

白居易曾说过：“动人心者莫先乎于情。”炽热真诚的情感能使“快者掀髯，愤者扼腕，悲者掩泣，羡者色飞”。

讲话如果只追求外表漂亮，缺乏真挚的感情，开出的也只能是无果之花，虽然能欺骗别人的耳朵，却永远不能欺骗别人的心。著名演说家李燕杰说：“在演说和一切艺术活动中，唯有真诚，才能使人怒；唯有真诚，才能使人怜；唯有真诚，才能使人信服。”若要使人动心，就必须要先使自己动情。

与人交谈，贵在真诚。有诗云：“功成理定何神速，速在推心置人腹。”只要你与人交流时能捧出一颗恳切至诚的心，一颗火热滚烫的心，怎能不让人感动？怎能不动人心弦？

说话不是敲击锣鼓，而是敲击人们的“心铃”。“心铃”是最精密的乐器，因此，成功的人总是能用真挚的情感、诚恳的态度击响人们的“心铃”，刺激之、感化之、振奋之、激励之、慰藉之。对真善美，热情讴歌；对假恶丑，无情鞭挞。让喜怒哀乐，溢于言表；使黑白贬褒，泾渭分明。用自己的心去弹拨他人之心，用自己的灵魂去感染他人的灵魂，使听者闻其言，知其声，见其心。

北宋词人晏殊素以说话真诚著称。在他十四岁时，一次参加殿试，真宗出了一道题让他做。晏殊看罢题后，对真宗说：“陛下，十天以前我已经做过这个题目了，草稿还在，请陛下另外出个题目吧！”真宗见晏殊如此真诚，感到他很可信，便赐予他“同进士出身”。

晏殊任职期间，每逢假日，京城的大小官员都会在外边吃喝玩乐。晏殊因为家里比较贫穷，没有钱出去玩乐，所以只好在家里和弟兄们闭门读书。有一次，真宗点名要晏殊辅佐太子，许多大臣都不理解。真宗解释道：“近来群臣经常出门游玩饮宴，唯有晏殊与弟兄们每天读书写文章，如此自重谨慎，难道不是最合适的人选吗？”然而晏殊却向真宗谢恩后说：“其实我也是个喜欢游玩的人，但因家里贫穷无法出去。如果我有钱，也早就去参与宴游了。”真宗听后，更加赞叹晏殊说话真诚，对他也更加信任。

由此可见，真诚的语言，不论对说话者还是对听话者来说，都至关重要。说话的魅力，不在于说得多么流畅，多么滔滔不绝，而在于是否善于表达真诚。最能推销产品的人，不见得一定是口若悬河的人，而是善于表达自己真实情感的人。

如果你能用得体的语言表达你的真诚，你就很容易赢得对方的信任，与对方建立起信赖关系，对方也可能因此喜欢你说的话，并因此答应你提出的要求。能够打动人心的话语，才可称得上是“金口玉言”，一字千金。；

依循步骤用技巧说服人

有一次，卡耐基突然同时接到两家研习机构的演讲邀请函，一时之间，他无法决定接受哪家邀请。但在分别和两位负责人洽谈过后，他选择了后者。

在电话中，第一家机构的邀请者是这样说的：

“请先生不吝赐教，为中小企业管理者传授说话的技巧。由于我不太清楚您所演讲的内容，就请您自行斟酌吧。人数大概不超过 100 人……万事拜托了！”

卡耐基认为，这位邀请者说话时平淡无力，缺乏热忱。给人的感觉，是为工作而工作，让人感受不到丝毫的热情。此外，对方既没明确地提示卡耐基应该做什么、要做到什么程度，也没有清楚交代听讲人数，让他如何决定演讲内容呢，对此，卡耐基自然没有什么好感。

而另一家机构的邀请者则是这样说的：

“恳请先生不吝赐教，传授一些提高中小企业管理者说话技巧的诀窍。与会者都是拥有 50 名左右员工的企业管理者，预定听讲人数为 70 人。恳请先生此次莅临演讲的主要目的，是希望让所有与会研习者明白，不用语言清楚地表达出自己想法的人，是无法成为优秀的管理人才的。希望演说时间能控制在两个钟头左右，内容锁定在：一、学习说话技巧的必要性；

二、掌握说话技巧的好处；三、说话技巧的学习方法。这三方面，希望能带给大家一次别开生面的演讲。万事拜托了！”

卡耐基可以感觉到这家机构的邀请者明快干练、信心十足。更重要的是，对方在他还没有提出问题的情况下，就解答了所有的疑问。因此，在卡耐基的脑海里立刻浮现出自己置身讲台的情景，并且很快就能够想象出参加者的表情，以及自己该讲述的内容等。显然，这种邀请方式能带给受邀者好感。

由此可见，说服别人，需要一定的技巧。其中最重要的是依循一定的步骤。

说服他人应按照什么样的程序来进行呢？大致有以下四个步骤：

1. 吸引对方的注意和兴趣

为了让对方同意自己的观点，首先应吸引劝说对象将注意力集中到自己设定的话题上。利用“这样的事，你觉得怎样？这对你来说，是绝对有用的……”之类的话转移他的注意力，让他愿意并且有兴趣往下听。

为了不至于在开始时便出师不利，以下几个要点请你务必好好掌握：

①留下良好的第一印象。也就是穿着得体、以礼待人，脸上保持诚恳的微笑。

②平时多留意自己的言谈举止，绝对要言行一致。

③主动与周围的人接触，建立良好的人际关系。

④再小的承诺也要履行，记住要言出必行。

⑤不撒谎，除了善意的谎言。

⑥提高与大众沟通的能力。

2. 明确表达自己的想法

具体说明你想表达的话题。比如“如此一来不是就大有改善了吗？”之类的话，更进一步深入话题，好让对方能够充分理解。

明白、清楚的表达能力是成功说服他人不可缺少的要素。对方能否轻轻松松倾听你的想法与计划，取决于你如何巧妙运用你的语言技巧。

为了让你的描述更加生动，少不了要引用一些比喻、实例来加深听者的印象。适当地引用比喻和实例能使人产生具体的印象，能让抽象晦涩的道理变得简单易懂，甚至使你的主题变成更明确或为人熟知的事物。如此一来，就能够顺利地让对方在脑海里产生鲜明的印象。

说话速度的快慢、语调的高低、停顿的长短、口齿的清晰度等，都不能忽视。除了语言外，你同时必须以适当的表情、肢体语言来辅助。

3. 动之以情

通过谈话的内容，了解对方对此话题究竟是否喜欢、是否满足，再顺势动之以情或诱之以利告诉他“倘若遵照我说的去做，绝对省时省钱。”不断刺激对方的欲望，直到他跃跃欲试为止。

说服前必须能够准确地揣摩出对方的心理，才能够打动人心。如：他在想什么，他惯用的行为模式是什么，现在他想要做什么等。

想要以口才服人的你，必须意识到说服的主角不是你而是对方。也就是说，说服的目的，是借对方之力为己服务，而非压制对方，因此，一定要从感情深处征服对方。

4. 提示具体做法

在前面的准备工作做好之后，就可以告诉对方该如何付诸行动了。你必须让对方明了，他应该做什么、做到何种程度最好等等。到了这一步，对方往往就会很痛快地按照你的指示去做。

摆事实讲道理让人诚服

我们总是想让别人听了自己的一番劝解后，立刻点头叫好，改弦易辙，并称赞你“一言惊醒梦中人”。事实却并非如此。别人的看法、想法、做法，不是一天形成的。“冰冻三尺，非一日之寒”，因此要对方改变看法也非一日之功。即使对方当时表示心悦诚服了，回去细想后可能还会固执己见。所以，要想彻底地说服对方，你还要通过事实，把道理讲得更透彻些。

1. 采用有力的数据

在劝说别人的过程中，统计数字和调查研究有很大的说服力。比如说，“事故多发地段，请注意安全”和“这里一个月有 3 个人死于车祸”，显然后者的作用会大得多。当然，如果不是非用不可，统计数字应该尽量少用。要知道，如果数字成堆，往往会使听者感到厌烦。

2. 运用经验和例证

我们做事受个人的具体经验的影响比受空洞的大道理的影响要大得多。对于一个病人来说，如果医生劝她服某种药物，那么即使医生再三保证这种药物有效，并且讲了许多的药理知识，病人总不免心存疑虑。但如果医生说："我自己也服用过这种药，只用了一个疗程就痊愈了。听了这样活生生的个人体验，病人一定不会有顾虑了。

3. 论据要坚实

什么样的论据才有说服力呢？这是一个很值得重视的问题。一个很基本的要求就是论据要坚实可靠，不可使人产生不信任感。向听者提供确切的资料比提供主张更有力。但对于一个犹豫不决的人来说，资料来源也是很有影响的，并且其影响之深不亚于资料本身。这并非因为人们只信任特定来源而不信任其他的来源，而是因为他们听到引述的话来自十分可信的权威，便不会再为自己的成见辩护。这是一种非常奇妙的心理作用。不过，引述权威的意见也不宜过多。

说软话也是一种智斗

有时，人难免因一时糊涂做一些不适当的事。遇到这种情况，就需要把握住指责别人的分寸：既要指出对方的错误，又要保留对方的面子。这种情况下，如果分寸把握得不适当，或者会使对方很难堪，破坏了交往的气氛和基础，并带来一系列严重的后果；或者让对方占“便宜”的愿望得逞，给自己造成不必要的损失。

多年前一位干部到某地出差，在街头小货摊上买了几件衣服，付款时发现刚刚还在身上的一百多元外汇券不见了。货摊上只有他和姑娘两人，明知与姑娘有关，但他没有抓住把柄。当他提及此事时，姑娘翻脸说他诬陷人。

在这种情况下，这位干部没有和她来硬的，而是压低声音，悄悄地说：“姑娘，我一下子照顾了你五六十元的生意，你怎么能这样对待我呢？你在这个热闹街道摆摊，一个月收入几百上千，我想你绝对看不上那几张外汇券的。再说，你们做生意的，信誉要紧啊！”

他见姑娘似有所动，又恳求道：“人家托我买东西，好不容易换来百八十块外汇券，丢了我真没法交待，你就替我仔细找找吧，或许是忙乱中混到衣服堆里去了。我知道，你们个体户还是能体谅人的。”

姑娘终于被说动了，她就坡下驴，在衣服堆里找到了外汇券，不好意思地交给了他。

说软话会让对方觉得自己在吃糖，心里甜甜的。在上述案例中，这位干部的一番至情至理的说辞，不但使钱失而复得，而且还很可能挽救了一个几乎沦为小偷的青年。

现实生活中，人们普遍存在着吃软不吃硬的心态。特别是性格刚烈、很有主见的人，你如果说“硬”话，比如以命令的口吻，对方不但不会理睬，说不定比你更硬；你如果来“软”的，对方反倒产生同情心，纵使自己为难，也会顺从你的要求。

恳求就属于软话的一种。有很多时候，你要想说服人，说软话要比说“硬”话效果好得多。然而恳求并不是低三下四地哀求，而是一种“智斗”，是一种心理交锋。通过恳求的语言启发、开导，暗示对方并使对方按你的意思行事。

以退为进赢得谈判胜利

劝说别人特别是那些抱有成见的人，最好的办法就是退一步。在当前劝说受阻的情况下，先暂时退让一下很有好处。退让态度可以显示出你对对方的尊重，从而赢得对方的好感，使其在心理上得到满足，这样再亮出你的观点来说服他们就容易多了。

1805 年奥斯特利茨战役和 1807 年弗里德兰战役中，俄军被法军打得大败，实力大为减弱，刚登基的亚历山大一世为重整旗鼓，与拿破仑展开了新的较量。他使用了新的斗争策略，以卑微的言辞讨好对方，处处表现出退让的姿态，以屈求伸。

当时，为了对付英国，拿破仑极力拉拢俄国，所以亚历山大一见到他就投其所好：“我和你一样痛恨他们，你对其采取多种措施时，我是你的一名助手。”

1808 年秋，拿破仑决定邀请亚历山大在埃尔富特举行第二次会晤，这次会晤，是拿破仑为了避免两线作战，以法俄两国的伟大友谊来威慑奥地利。消息传到俄国宫廷，激起一片抗议声。皇太后在给亚历山大的信中说：“亚历山大，切切不可前往，你若去就是断送帝国和家族。悬崖勒马，为时未晚，不要拒绝你母亲出于荣誉感对你的要求。我的孩子，我的朋友，及时回头吧。”

但亚历山大却认为，目前俄国的力量还不足，还必须佯装同意拿破仑的建议，应该“造成联盟的假象以麻痹之，我们要争取时间妥善做好准备，时机一到，就从容不迫地促成拿破仑垮台”。

来到埃尔富特后，亚历山大恭言卑词，在两个星期的会晤中，与拿破仑形影不离。有一次看戏，当女演员念出伏尔泰《俄狄浦斯王》剧中的一句台词，“和大人物结交，真是上帝恩赐的幸福”时，亚历山大居然装模作样地说：“我在此每天都深深感到这一点。”

又一次，亚历山大有意去解腰间的佩剑，发现自己忘了佩带，而拿破仑把自己刚刚解下的宝剑，赐赠给亚历山大，亚历山大装作很感动，热泪盈眶地说：“我把它视作您的友好表示予以接受，陛下可以相信，我将永不举剑反对您。”

1812 年，俄法之间的利益冲突已经十分尖锐，这时亚历山大认为俄国已做好准备，于是借故挑起战争，并且打败了拿破仑。

事后亚历山大总结经验教训时说：“拿破仑认为我不过是个傻瓜，可是谁笑到最后，谁笑得最好。”

以退为进的说服方法在经济谈判中运用得较多，双方谈判如同兵战，能否灵活、娴熟地运用“以退为进”的战术，直接关系到谈判的成败。

美国一家大航空公司要在纽约城建立一座机场，想要求爱迪生电力公司能以低价优惠供应电力，但遭到婉言谢绝，该公司推托说这是公共服务委员会不批准，他们爱莫能助，因此，谈判陷入僵局。航空公司知道爱迪生公司自以为客户多，电力供不应求，对接纳航空公司这一新客户兴趣不浓，其实公共服务委员会并不能完全左右电力公司的业务往来，说公共服务委员会不同意低价优惠供应机场电力，那只是托词。航空公司意识到，再谈下去也不会有什么结果，于是索性不说了。同时放出风来，声称自己建发电厂更划得来。电力公司听到这则消息，立刻改变了态度，立即主动请求公共服务委员会出面，从中说情，表示愿意给予这个新客户优惠价格。结果，不仅航空公司以优惠价格与电力公司达成协议，而且从此以后，大量用电的新客户，都享受到相同的优惠价格。

在这次谈判中，起初航空公司在谈判毫无结果的情况下要了一个花招，声称自己建厂，这就是退一步，并放出假信息，给电力公司施加压力，迫使电力公司改变态度低价供电。这样航空公司先退一步，后进两步，赢得谈判的胜利。

正话反说诱导听者领悟

反其道而行之是一种说服别人达到办事儿目的的技巧之一，其特点就是被劝者原以为对方会怎么说，但实际上却正好相反，让听者自觉去领悟，从而接受你的劝说意见，按照你的意图办事儿。

有一次，楚庄王十分喜爱的一匹马因长得太肥而死了。庄王竟命令全体大臣致哀，要用棺椁装殓，还要用大夫礼节举行隆重葬礼。文武百官纷纷劝他别这样做，楚庄王十分反感，下令说：“谁敢为葬马的事来劝说我，格杀勿论！”众大臣都惊惧得不敢说话了。

优孟听到这事，嚎啕大哭进入王宫。楚王问他为什么哭。优孟回答说：“我是为葬马的事儿哭呢！那匹死去的马，是大王最心爱的。像楚国这样一个堂堂大国，却只以大夫的葬礼来办丧事，实在太轻慢了。一定要用国王的葬礼才像样呢！依我看来，要拿白玉做棺材，用红木做外椁，调集一大批士兵为其挖坟，发动全城男女来挑土。出丧时，要其他诸侯国使节在前后护卫。还要建造一座祠庙，放上牌位，追封它为万户侯。”

优孟称赞、礼颂楚庄王“贵马”精神的后面烘托出另一种相反的又正是劝谏的真意——讽刺楚庄王的昏庸举动，从而促使楚庄王改变自己的决定。

下面一例也是正话反说的办事儿范例。

春秋时期一位名叫沮卫的使者，曾使用相反应对的技巧，救了自己的命。有一年，楚国攻打吴国，吴国势单力薄，吴王派沮卫给楚军送一份厚礼，顺便了解一点军情。谁知沮卫被楚兵抓住了，楚兵把他绑得紧紧的，说要杀了他，拿来衅鼓（一种祭礼，杀人或杀牲口，把血涂在新鼓上）。

对此，沮卫不慌不忙，面无惧色。楚将惊奇地问他："你出发前占卜过吗？"

"占卜过的。"

楚将望着被五花大绑的沮卫，扬扬得意地问道："吉凶如何？"

"大吉。"沮卫回答。

楚将高声大笑："如今就要杀掉你了，还有什么大吉啊！"

沮卫回答："吴王派我来，目的就是要试探你们的态度。如果你们对我以礼相待，那么，吴国就会放松戒备；如果你们杀了我，还拿我的血衅鼓，吴国一定会百倍警惕。这对吴国不正是件天大的好事吗？"

"然而你自己完蛋啦，这怎么能说是大吉呢？"楚将追问道。

沮卫回答："我占卜是问国家前途，并非为我个人。如果杀了我就能保全整个国家，对你们有何好处，要是人死了仍有灵魂，那么，我肯定要附在你们的鼓上，在战斗最激烈的时候显灵，让你们的战鼓发不出响声，使你们一败涂地！"

沮卫的话入情入埋，铿锵有力，说话时毫无惧色，稳如泰山，楚将听了束手无策，思考再三，总感到杀沮卫衅鼓已无好处，只得长叹一声说：“算了，放了他吧！”

沮卫对答如流，口若悬河，舌似利剑，以语言的力量保护了自身。他善于听取对方的话，及时抓住中心，辨明意图，然后从反面作鲜明的答复，威慑对方，并以精辟的分析迫使对方放弃了原有观点。

廓清疑虑说服劝导对方

世界上没有十全十美的事物存在，客户对你推销的产品有异议，这是一件再正常不过的事情。当客户有异议甚至要抗拒你的推销时，恰恰是你创造更好业绩的机会。任何一个推销员只要在面对客户提出的异议时，采取有效的方式解决这一问题，便能进一步取得客户的信任，让其成为你永远忠诚的客户，并为你带来许多潜在客户。

令人遗憾的是，有些推销员在遇到客户的抗拒时，并不懂得如何去把握住这个机会，面对客户提出的异议，他们往往会认为对方是在故意刁难自己，从而采取一种针锋相对的态度，绞尽脑汁地与客户争辩，最后是赢得了争吵，却输掉了订单，并使得客户愤愤然掉头离去。

杜刚是一家公司的推销员，他费了很大力气才向一家工厂销售了几台发动机。

三周后，他再度前往那家工厂推销。本以为对方会再向他购买几十台发动机的。没想到，那家工厂的老板一见到他，就对他说："杜先生，我以后再也不会从你那里买发动机了！因为你们公司生产的发动机太不理想了！"

杜刚听了之后很惊讶地问："为什么？"

"因为你们的发动机太烫了，烫得连手都不能碰一下。"

杜刚一听连忙辩解道："我不同意您的意见，我们的发动机发热的程度绝对没有超过国家标准！"

那位老板生气地说："那难道是我在污蔑你们的发动机，贬低你们公司吗？"

"不是的，但是……"杜刚还想辩解。

"别说了，我们要求退货！"老板强硬地说。

最后的结果是，杜刚失去了一笔大生意。

杜刚为什么会严重受挫？因为在处理客户提出的异议时，他生硬地对客户的异议表示了拒绝，所以最终失去了再次成交的机会。在推销过程中，出于各种各样的原因，客户往往会对产品表示异议，除了真正的异议外，人们往往还会表达出借口型的异议，而不告诉推销员他们不想买你的产品的真正原因。显然，如果推销员没有搞清楚客户真正的异议是什么，那么无论推销员再怎么费尽口舌，也很可能无法说服客户，令其改变主意。

在客户提出异议时，最忌讳的是推销员马上想办法辩解。如果不想失去客户，就要切记，绝对不能同客户争吵。因为，推销员在同客户进行争辩时，不仅双方心情都会不爽，而且即使争辩赢了也不能成功推销。因此，对于推销员而言，最好的办法就是不同客户进行争论。

客户考虑购买你的产品而不提出任何异议的情况是很少出现的，而不提异议的往往是那些没有购买动机和购买欲望的客户。因此，无论由什么原因产生的客户异议，实际上都是客户对产品感兴趣的一种表现。所以，有经验的推销员不仅对异议表示欢迎，而且还把它作为促成推销的一个机遇。换言之，正是客户对推销产生了异议，才为推销员展示和发挥其推销口才和智慧提供了机会。

既然只要向客户推销，就很可能会遭遇到客户的抗拒和异议，所以，我们必须学会化解客户的异议。要化解客户的异议，就必须首先掌握客户抗拒的原因。

任何一位想成为业绩冠军的推销员，都应该多花一些时间，去预先思考在你的产品推销过程中，客户最容易提出的抗拒是什么？当客户提出抗拒时，我们应该如何回答？应该使用哪些有效的方式才可以解除他们的疑虑和抗拒？等等问题。

根据研究表明，在任何一个行业内，客户最容易产生的购买抗拒情形，通常不会超过五个，因此，我们把这些情形总结归纳，并进行了提炼，最终向大家提出了“客户的五大抗拒原理”，希望对你的推销有所帮助。

抗拒原理一：面对沉默型抗拒，要想办法让客户说话

沉默型抗拒，指的是推销员在介绍所推销产品的整个过程中，客户都一直保持着一种非常沉默甚至有些冷漠的态度。沉默是一种无声的抗拒，有些客户正是利用沉默来拒绝推销员的推销，而且非常有效。

面对沉默型抗拒，推销员一定要想办法让客户说话。你可以多向客户问问题，尤其是一些开放式的问题，以此来引导他们多谈谈自己的想法。当他说话时，他就会将注意力集中在你的产品上了。不怕客户提问题，就怕客户不开口。所以，你要鼓励客户多说话，多问他们对产品的看法和意见，以及他们的要求。只要他开口，我们就容易知道他是怎么想的，就能“对症下药”。

抗拒原理二：面对问题型抗拒，先用问句将其框定

在销售过程中，客户可能会提出这样或那样的问题来为难你、搪塞你。这时，作为推销员的你要坚定这样一种信念：客户提出问题，说明客户对我们的产品感兴趣，也表明客户正在向我们要求知道更多的信息。面对这种抗拒，你首先要对他们表示认可及欢迎：“我非常高兴您能提出这样的问题来，这也表示您对我们的产品真的很感兴趣。”接下来，你便可以开始回答客户的问题，让他们得到满意的答案。

问题型抗拒的客户有这样一个特点，当你跟他交谈了很久后，眼看就要成交了，他会忽然间又冒出一连串的问题，等你回答完了，他那里可能还会有很多问题等着你，令你不厌其烦，又疲于应付。那么，你该如何说，才能说服这种类型的客户呢？

你不妨可以这样问他：“除了这个问题，您还有什么问题呢？”

如果他说：“还有一个问题。”

你就可以这样问他：“除了这两个问题，您还有什么问题吗？”

他如果说："没问题了。"这个时候，你千万别忙于回答他的问题，而要进一步确认一下："您的意思是说，如果我能解决掉这两个问题，那么其他的都不是问题了，对吗？"

如果他说："是。"那么，你回答了这两个问题后，其他的问题他就不能再提了。不然的话，他可能还有更多的问题等着你回答呢。

故而，面对这种类型的抗拒，你一定要通过上述的问句先跟他框定，让他把所有问题一并提出来，一并解决。当你把这几个问题都解决了，他就没有其他的话可以说了。针对问题型客户，我们都要通过此类方式来与之交流。

抗拒原理三：面对借口型抗拒，学会将客户的借口搁置一旁

如果客户所提出的拒绝理由，你一听就知道是借口，那么这种抗拒就是借口型抗拒。当客户提出这一类借口时，你应该先忽略他的问题和抗拒，然后告诉他："您所提出的这些问题我知道都非常重要，待会儿我们可以专门来讨论。现在，我想先用几分钟时间来介绍一下我们产品的特色，向您分析一下为什么您购买我们的而不是他人的产品，会更加划算。"接下来，你可以很顺畅地开始介绍你的产品。使用类似的话语，将客户提出的这些借口型的抗拒先搁置一旁，将他们的注意力转移到他们感兴趣的项目上，先前那些借口也许就会自动消失。

抗拒原理四：面对表现型抗拒，你要赞美他们

推销员在销售过程中，常常会发现，某些客户特别喜欢显示他们对产品具有非常丰富的专业知识。这些客户经常会告诉

推销员，他们非常了解你的产品，并在你面前显示出他们是这方面的专家。

面对这一类型的客户时，你首先要做的事情就是称赞他们。因为这一类型的客户之所以这样说，就是希望得到你的尊重。当然，他们也希望从你口中听到你对他们的专业知识是如何敬佩，从而增加他们的自信心以及对你的好感。

另外，这样的客户说得越多，其实对你越有利，因为你对他的了解就会越多，对他个性的把握也会越准，采取的策略将会更加有效。

因此，当你遇到表现型客户的时候，要不断地赞美他们，切勿跟他们争辩，即使他们提出的看法是错误的。当你通过赞美和欣赏他们，使他们喜欢上你后，你就可以开始向他们推销你的产品了。

抗拒原理五：面对怀疑型抗拒，想方设法消除客户的疑虑

怀疑型抗拒表示客户不相信你的产品或服务，不相信你的产品或服务真的会给他们带来好处。通常，客户的怀疑主要有三点：对产品或服务的怀疑、对公司的怀疑和对销售人员的怀疑。所以，你一定要搞清楚他到底为什么不放心，究竟对什么产生了怀疑。你只有清楚了解这些内容，才能在沟通时掌握住重点，把握到问题的症结所在，进而找出消除客户疑虑的办法，并最终达成交易。

当你在推销过程中遇到客户产生抗拒、提出异议的情况时，你要活学活用客户抗拒的五大原理，对症下药，消减客户的抗拒，化解客户的异议。除了上述的化解客户异议的主要方法外，

下面我们再向你推荐几条化解客户异议的法则。

1. 切勿与客户争论

客户提出异议，表示抗拒，这表明他需要了解到更多的信息。你应该努力理解客户产生抗拒和异议的真实原因，并将谈话引向购买和成交的方向上。一旦推销员为此与客户发生争论，想尽法子希望压服客户时，推销员即使在争论中获胜，一般情况下也会彻底失去这个客户。

2. 欣然接受客户的异议

当客户不断地向你提出异议，其实就是在为你提供越来越多的说服客户的资料。因此，尽量让对方说出他想要说的话，等他把心中所想的全部都显露出来时，以后客户就会按照你的意愿行事，从而助你成功地向他推销出产品。作为推销员，想拿下客户的订单，就一定要表现出真心地同意客户的抱怨，从而软化他的心理防线，让他紧闭的心门再度向你敞开。

如果客户说了几句，推销员就还以一大堆反驳的话，这不仅会因为打断了客户的讲话而使客户感到生气，而且还会向对方透露出许多“情报”。当对方掌握了这些信息后，你就将处在不利的地位。结果，客户会想出许多拒绝购买的理由，从而使交易流产。

3. 引导客户回答他们自己的异议

优秀的推销员往往善于诱使客户回答他们自己提出的异议。有一位推销高手曾经说过这样一句推销格言：“如果由你说出来，他们会怀疑；如果由他们自己说出来，那就是真的。”客户提出异议，说明在他们的内心深处想购买，只是还需要你去引导，他们才会愿意购买。所以，只要你给客户时间，引导他们，大多数客户还是会回答他们自己的异议，从而化解分歧，最终促成交易。

4. 善于抓住细节

推销员想化解客户的异议，就必须明白，客户产生异议的根源是各种各样的，而所有引起客户异议的原因之间互相联系、互相影响，结果使得异议产生的根源变得十分难以捉摸。但是，客户往往会在无意中透露出一些有倾向性的表现，从而“出卖”了客户内心的真实想法，如果推销员能敏锐地把握住这些细小的环节，然后对客户的心理做出准确的分析和判断，便比较容易想出正确的对策，达到事半功倍的效果。

第七章 沉默是感受无声的力量

熟谙沉默获得更大价值

古时候，一个皇帝收到了一个小国的进贡，那是一模一样的三个金人，同时小国的使者还留下了一个问题：三个金人中哪个最有价值？皇帝想了许多的办法，请珠宝工匠检查，称重量，看做工，都是一模一样的，就在大家束手无策时，一个快要退休的大臣说出来他的办法。

大臣分别向三个金人的耳朵里插入一根稻草。结果稻草从第一个金人的另一耳朵出来了；第二个金人呢？稻草从它的嘴巴里掉了出来；而第三个金人，稻草插进去后，掉到了肚子里，什么动静也没有，老臣说：最有价值的就是第三个金人！因为真正有价值的人，不一定是最能说的人。人们被赐予了两只耳朵一张嘴巴，就是希望人们能做到少说多听，大臣给了一个非常正确的回答，也让人们了解到“沉默是金”的道理。

赵括算是铁齿铜牙了，但是只会纸上谈兵，最终全军覆没；隐居山林的诸葛亮是一鸣惊人，终成三国鼎立之势；面对胯下之辱韩信选择沉默，终成一代名将……因此，真正的智者再一次说出了“沉默是金”的道理。

沉默是一种气质，也是一种风度，更是一种品格。如果沉默不存在，那么孕育、震荡和突破也不会存在。蛾在沉默了一冬之后，终于把飞的梦想变成现实；朝霞在沉默了一夜之后，终于把绚烂的光彩洒向大地；禾苗在沉默了一季之后，终于把丰富的营养献给人间。“沉默是金”都可以从它们身上体现。

孔子曾经说过：“君子欲讷于言而敏于行。”在智者看来，实际行动比夸夸其谈更有意义，莱特兄弟是飞机的发明者，在飞机遨游蓝天之后的庆功宴会上，他们说：“鸟类当中，鹦鹉是最能说的，但鹦鹉是飞不高的。”这就再一次说明了“沉默是金”的道理。

春秋时代，吴国打败了越国，勾践作为越王，他选择了沉默，卧薪尝胆。在经过长期的准备之后，越国终于打败了吴国，沉默凝聚着力量，只有厚积薄发，后发制人，恰到好处，才能克敌制胜。在这里沉默就体现了冷静。

真正的生活是需要有沉默存在的。生活需要放开，但不要全放出去，应留一些给自己去沉默。不要让生活像个实心体，那样会很压抑，想逃避。生活是需要一个用来沉默的空间的。沉默是思考、是构思，是生活的驿站。这一站的休息或者结束，养足精神，为下一站或者后面的宏伟大业绘制蓝图。生活是需要充实的，但是充实不能太过分，要有沉默的空间。沉默的空间是完全属于自己的，绝对没有人可以占据。

如果失败了，那么灰心是没有必要的，要去沉默，去构想一个新的方案，这样才会有成功在前面。因为沉默的时候，就在埋头苦干。叫嚷者往往难以成功，而会沉默的人则常常会有一番成就，因为有一句很朴素，却又蕴含极端耐人寻味的话，那就是“沉默是金”。

首先，无言不能算是真正的沉默，真正的沉默是一种蓄势待发的积累。就如同拉弓蓄力，为的是箭发时能铮铮有力，直冲云霄。战国时，楚庄王继位三年，没有发布一条法令。左司马不明白，就问他：“一只大糊涂鸟落在山丘上，三年来不飞不叫，沉默无声，为何？”楚庄王答曰：“三年不展翅，是要使翅膀长大；沉默无声，是要观察、思考与准备。虽不飞，飞必冲天；虽不鸣，一鸣惊人！”果然，转年，楚庄王听政，发布了九条法令废除了十项措施，处死了五个贪官，选拔了六个大夫，于是国家昌盛，天下归服。没有把握的事，楚庄王是不会做的，他的意图只是没有过早地表露出来。所以很多有成就的人，都是不鸣则已，一鸣惊人！

其次，语言上的沉默并不代表思想上的沉默。正相反，深刻的思想，正是来源于那些看似沉默的思考过程。有的人喜欢夸夸其谈，将并不成熟的思想过早地说出来。这样，就失去了一个可以让他进一步思考和提高的机会，使原来可能很有价值的想法，随口溜走了；而对于听的人，由于说者滔滔不绝，很容易忽视了其谈话的重点及核心，随耳一听罢了。有的人有言不达意或逻辑不清的现象，就是因为没有进行思考就说话，这样，感情的交流受到了影响，真是得不偿失！

有的人发出了这样的感慨："要了解一个人的思想，最好是看他写的文章，而不是和他交谈。"为什么？因为人们只有经过了仔细推敲，才会落笔成文，所以清楚、流畅。由此可见，思想的形成更需要经过冷静思考和反复推敲润色的过程。每个人都应该做到：少说，多看，多听，多想！因为真正想要成功的人都是从沉默开始的。

沉默是希望人们可以在思考之后再说，并不是不说话。因为只有经过思考才能让沉默发挥光彩，语言得到升华，人生离成功越来越近。

多看多听少言炼就真金

一个初出茅庐的年轻人，最重要的处世经验是：多看多听少开口。

要勤于察言观色。这条经验也不仅对年轻人有用，对大多数人都同样适用。

那么，多看，看什么呢？

看一切与自己有关的人和事。

要想在某个领域有所成就，就得把自己的精气神全部融入其中，弄清各种人和事的现存状态与变化规律，久而久之，你看待事物的眼光就变得跟局外人大不一样了，达到"神知神觉"

的境界，这样你就有了一双慧眼，能随时发现有利于事业成长的机会。

你想做一个作家，那么，你看见每一个人、每一件事，都不妨构思一番，怎样才能把他们写到你的作品里去。这样，你就有了绵绵不绝的灵感。与此同时，你的社交圈也围绕着文人拓展，以了解文坛的最新动向，免得别人已经将作品写出来了，你还去花一年半载写一个过时的东西。这样可确保你的作品始终有新意。

你想做个生意人，方法也是一样的，思考每个人、每件事跟自己的生意有什么关系，并以生意人作为主要交往对象。久而久之，你的智慧将“金光闪闪”，你将发现赚钱的机会无处不在。

一开始你很难看懂周围的人和事，也看不见有什么很好的机会。但是，没有关系，多看的目的是培养主动意识，使大脑进入激活状态，这样感觉会敏锐得多，对机会的嗅觉一定远胜常人，迟早必成为人群中的领跑者。

多听，听什么呢？听别人的经验之谈。

老于世故的人说：“一天学一个乖。”向谁学乖？当然要向那些过来人学。一个人的经历有限，即使时刻留意，见识也有限。如果有一双谦逊的耳朵，愿意听听别人的见解，那么，你就能将别人的见识变成自己的见识。

不论他人地位高低，知识深浅，但他的专业经验，总有一部分足供你去学习。向甲学一点，向乙学一点，把片段零星的，渐渐组织起来、连贯起来。就能形成一套独特的“武功秘籍”，并助你打下一片天地。古今智者，莫不以此成大器。所以孔子感慨地说："三人行，必有我师焉！"

为什么要少开口？它基于两个理由：

第一个理由是，当你急于开口时，就没有心情去多看多听了。

第二个理由是，一个人说得越多，他的浅薄无知就暴露得越多，他就很难得到别人的信任和重视了。一个说话随便的人，一定没有责任心。

俗话说："爱叫的麻雀不长肉"，在人群中，一个特别爱说话的人，最不可能受到重用，很难有什么出息。

特别爱说话的人为什么最不可能受重用呢？

首先，一个人特别爱说话，说明他自控能力不强，易冲动，经常因情绪伤害理智。试想，连自己的嘴巴都管不住，又能管好什么事？

其次，一个人整天叽叽喳喳的，总得有内容。他的生活经历有限，不知道那么多趣闻逸事，也没工夫读书，不可能天天给你讲世界名著。说来说去，无非东家长西家短，拿别人的隐私、缺点当作料，煲成一锅大杂烩。对这样的人，谁敢跟他交心交底呢？

再次，无论是谁，若想被人冠上"可爱""可敬""可信""可亲"之类的字眼，一定要善于"包装"——将缺点隐去，将优点突显出来。漂亮时装能包装外部形象，真知灼见能包装内在思想。可是，一个爱说话的人，有什么说什么，久之必然将自己的优点、缺点全部暴露于人前。除非他"天生丽质"，毫无瑕疵，否则很难不被发现。

最后，一个特别爱说话的人，总是不假思索地对任何事发表见解，好的意见与错误观点混杂，泥沙俱下，让人难取难舍，只好当废话听。久之，人们必然认为这个人没有见识，只会乱说一通。平时是没人重视他的，想散布流言蜚语时，才会借用一下他那张关不住的嘴巴。这种人很容易被不怀好意的人利用。

总之，话多不如话少，话少不如话好，多言不如多知，即使千言万语，也不及一个事实留下的印象深刻。多言是虚浮的象征，因为口头慷慨的人，行动一定吝啬。凡有道德者，不可多言；有信义者，必不多言；有才谋者，不必多言。我们绝对要少说话，尤其是有经验丰富的陌生人在座时。因为如果说多了，便是同时透露了自己的弱点及愚蠢并失去了一个获得智慧及经验的机会。

有人说：沉默是金。沉默本身不是金，只是一个炼金的过程，将各种情况进行综合分析，得出一个相对合理的结论后，才谨慎发言，这样，他给人捧出来的总是金子，自然会被人认为是一个极有价值的人，因而受到重视和信任。

沉默是不用动口的口才

有些时候，在特定的环境中，你完全不必说那么多的话，用你的沉默来表达不满，会让他们感到不安，从而反省自己。

通过这种毫不费力而又不伤和气的方法来达到目的，是真正明智的选择。

法国有句谚语：雄辩如银，沉默是金。在我们的生活工作中，有些时候确实是沉默胜于雄辩。与得体的语言一样，恰到好处的沉默也是一种语言艺术，运用好了常会收到“此时无声胜有声”的效果。

在一座寺庙里，有一位德高望重的长老，他手下有一个非常不听话的小和尚。这个小和尚总是深更半夜越墙而出，早上天未亮再越墙而入。长老一直想批评这个小和尚，但苦于没有罪证。

一天深夜，长老在寺庙里巡夜，在寺院的高墙边发现了一把椅子。他知道一定是那个小和尚借此越墙到寺外。于是，长老悄悄地搬走了椅子，自己就在原地守候。

午夜，外出的小和尚回来了。他爬上墙，再跳到“椅子”上。突然，他感觉“椅子”不似先前硬。软软的甚至有点弹性。落地后的小和尚才知道，椅子已换成了长老，小和尚吓得仓皇离去。

在以后的日子里，小和尚觉得度日如年，他天天都诚惶诚恐地等候着长老对他的惩罚，但长老依旧和从前一样，对这件事只字未提。

小和尚觉得再也无法忍受了，他不想每天都在煎熬中度过。于是，他鼓起勇气找到长老，诚恳地认了错，哪知长老宽容地笑了笑，说：“不用担心，这件事只有天知地知你知我知，你还怕什么？”

小和尚从此备受鼓舞，他收了心，再也没有翻过墙。通过刻苦的修炼。小和尚成了寺院里的佼佼者。若干年后，老和尚圆寂，小和尚成了长老。

沉默像乐曲中的休止符，它不仅是声音上的空白，更是内容的延伸与升华。它是一种无声的特殊语言，是一种不用动口的口才。

远离忌讳让你游刃有余

说话时万万不可以冲撞别人的忌讳。因为冲撞别人的忌讳，很容易造成交际的失败，往往也会浪费你的一片苦心，从而引起别人强烈的反感。因此，了解他人的忌讳是在人际交往中左右逢源、游刃有余的不可忽视的环节。

忌讳主要有生理忌讳和心理忌讳两种。

1. 生理忌讳

一些有生理缺陷的人都对他们的生理缺陷非常敏感。因此在与这类人交往时，要特别谨慎。不要对秃顶的人说：“你真是聪明绝顶。”也不要对单臂的人说：“两袖清风”。也尽量不要当着腿部有残疾的人赞美别人说：“我佩服得五体投地”之类的话。这样会使他们的心理留下阴影，甚至会使有生理缺陷的人误以为你有意嘲笑他。但一般说来，生理缺陷比较容易发现，只要稍加留意便可避免。

2. 心理忌讳

心理忌讳往往是由于某些人因为一些特殊的经历所形成的，那些不愉快的记忆隐藏在人们的心中，无形中会形成一种忌讳。

有一位下属给他的领导去祝寿，当着众人的面，他向领导作祝词时说："希望我们的王厂长将来能大富大贵、儿孙满堂。"一席话说得王厂长脸色发青。原来王厂长的独子刚刚在车祸中过世，其妻子也因为种种原因无法再生育，而这位下属初来乍到，因此并不知情。而这位厂长却以为他故意嘲笑自己断子绝孙，因此不顾贵宾云集，竟摔杯而去，弄得这位下属好不尴尬。这位下属虽然并不是有意，却冲撞了王厂长的忌讳，结果弄得不欢而散。

在与朋友相处时，有时会因为二人关系密切，习惯成自然，对对方的忌讳满不在乎，结果往往使朋友陷入尴尬的境地，有时甚至会致使二人的感情破裂。

钱英和张敏是一对形影不离的好朋友，二人私底下无话不谈。在一次同学聚餐上，钱英一时兴起，笑着对大家讲了张敏暗恋班上某男生的事，而那位男生已经有了女朋友，而且当时也都在场，一时间，弄得张敏下不了台，气着跑开了。这就警示我们，千万不要在众人面前暴露好朋友的隐私，既然是隐私也就是不愿意让他人知道，如果让他人知道就冒犯了他或她的忌讳，是很不够朋友的表现。

在与他人交谈时，应该对于交谈对象的一些忌讳有所了解，千万不要自讨没趣地往人家枪口上撞，否则，你只有吃不了兜着走。

通世故逢人只说三分话

坦率不是告诉你自己不留秘密，而是说话太多往往会闯祸太多，切记：祸从口出。

俗话说，“逢人只说三分话”，还有七分话，不必对人说出，你也许以为大丈夫光明磊落，事无不可对人言，何必只说三分话呢？

老于世故的人，的确只说三分话，你一定认为他们是狡猾，是不诚实。其实说话须看对方是什么人，对方不是可以尽言的人，你说三分真话，已不为少。孔子曰：“不得其人而言，谓之失言，”对方倘不是相知的人，你也畅所欲言，“交谈时，对方的反应如何呢？你说的话，是关于你自己的事，对方愿意听吗？彼此关系浅薄，你与之深谈，显出你没有修养；你说的话，是属于规劝对方的，你不是他的朋友，不配与他深谈，忠言逆耳，显出你的冒昧；你说的话，是属于议论他人或事件的，对方的立场如何，你没有明白，对方的主张如何，你也没有明白，你偏高谈阔论，轻言更易招祸呢！所以逢人只说三分话，不是不可说，而是不必说，不该说，与“事无不可对人言”并没有冲突。

老于世故的人，是否事事可以对人言，是另一问题，他的只说三分话，是不必说、不该说的关系，绝不是不诚实，绝不是狡猾。说话本来有三种限制：一是人，二是时，三是地。非其人不必说；非其时，虽得其人，也不必说；得其人，得其时，而非其地，仍是不必说；非其人，你说三分真话，已是太多；得其人，而非其时，你说三分话，正给他一个暗示，看看他的反应；得其人，得其时，而非其地，你说三分话，正可以引起他的注意，如有必要，不妨择地长谈，这叫作通达世故的人。

让不公正的批评随风去

如果常在言谈中“否定对手”，则会令对方难堪、生气甚至产生言语和肢体上的冲突。

小慧是我的好朋友，漂亮大方又有人缘，结婚当天宾客满堂，众人认为新郎新娘两人“郎才女貌”，真是天作之合，一定可以永浴爱河，白头偕老，而小慧也非常高兴，找到了如意郎君。在婚礼进行时，小慧透过头纱，偷偷地斜瞄了一下英俊体贴的老公，不禁感到欣喜与满足，心想不久就将展开人生的新旅程。

不料，婚后一个月，小慧开始觉得生活不尽如人意，也不若婚前想象的那么如公主般美好。两人常会为了一些小事争得面红耳赤，最让小慧生气的是，每当两人各持己见、互不相让时，老公总是大男子主义地说：“说你错了，你还不承认！”

小慧一肚子气，委屈地跑回娘家住了两天。

虽然小慧觉得老公很健谈，有时说话也很幽默，但是有时却也令她感到很不是滋味。譬如，有一次，老公竟在朋友到家里来聊天时说自己老婆：“别的情侣、夫妻是彼此看对眼，我呀，是看走眼了！”小慧听了，气得白他一眼，一个人走进厨房生闷气。

尽管事后老公解释说，那些话只是在朋友面前“开开玩笑”而已，但小慧总是觉得很不舒服，为什么每次都是以“否定别人”来开玩笑，而在家里老是一副“只有他是对的”的样子，动不动就说“你看你，这么笨，连这么简单的事都不会”“哎呀，你们女人不会懂的啦”。

人呀，最怕莫名其妙地被人家“否定”。您看这句话——“说你错了，你还不承认”，这不仅是“否定”，还是“双重否定”呢！难怪听者会怒气冲天、恨意满肚。不过这还算好，另外还有更令人无法忍受的“三重否定”——“说你错了，你还不承认，你给我闭嘴！”如果再加上一句“你去死啦！”那就变成“四重否定”了；还有人再说上一句：“你去死啦，死了也没有人帮你哭！”您看，这不是又变成“五重否定”了吗？

其实，有些玩笑语的确是脱口而出，但是“说者无心，听者有意”，玩笑式的“否定”说多了，也会叫人听了很不是滋味。尤其是“双重否定”“三重否定”，真是抹杀对方的基本自尊，引起他人不悦。

我还有一个高中同学，有一天和太太吵架后，一气之下住到宾馆去。后来沉思反省后觉得有些理亏，就打个电话给太太：

“老婆啊，今天晚上做什么菜等我啊？”

“我啊，我做毒药等你！”

“噢，这样哦，那你做一份自己吃就好了，我不回来了！”

呵，真是够“毒”的！

批评人的人往往认为自己是对的，被批评的人往往认为自己是错的。那你为什么不做个对的人呢？

心理励志大师卡耐基先生多次讲到这样一个故事：

“在很多年以前，我所办的成人教育班和示范教学会中，多了一个从纽约《太阳报》来的记者。他毫不给我留情面，不断攻击我的工作和我。我当时真是气坏了，认为这是对我极大的侮辱，不能容忍。我马上打电话给《太阳报》执行委员会的主席古斯·季塔雅，特别要求他刊登一篇文章，以说明事实真相，而不能这样嘲弄我。我当时下决心要让犯错的人受到应得的惩罚。

“现在我时常为我当时的举动感到惭愧。我现在才了解，买那份报的人大概会有一半人不会看到那篇文章，看到的人里面又有一半会把它只当作一件微不足道的事情来看，而真正注意到这篇文章的人里面，又有一半在几个礼拜后就把这件事情忘得一干二净。”

卡耐基由此得出一个重要的结论：虽然你不能阻止别人对你做任何不公正的批评，但你可以做一件重要的事，你可以决定是否要让自己受到那些不公正批评的干扰。

“尽可能做你应该做的事，然后把你的破伞收起来，免得让批评你的雨水顺脖子后边流下去。”

任何人好像都有批评你的权利，无论你做什么事，你要把握好以下原则：哪些是听都不要听的，哪些是礼节性地应付，哪些是真正有益于你的工作的。

“受人尊重”与“生理”“安全感”“爱与被爱”“自我实现”等，是人的五种“基本需求”，每个人都需要从他人的语言认同、肯定、赞美中，来增加“自我价值”与“自我尊严”。

不要以为小节无伤大雅

不要以为小节无伤大雅，相反要注意从小处入手，树立自己的形象，为什么呀？一个人说：“这么多年了还是一点长进都没有，我听着他嚼口香糖的声音就想吐。还有我拉他去跟人家谈判，出来后我真为有这样的同学而丢人，他的肢体语言太夸张了，时而摇头晃脑，时而拍手大笑，让对方觉着我们跟人家不在一个层面上，怎么做生意啊！”

这位同学人不错，也有不少优点，但修养、礼仪上的这些小问题竟然给他带来如此大的负面影响真是出乎意料。

口香糖在嘴中嚼得“叭叭”作响，正式场合也不修边幅大大咧咧，急着打断别人的话而发表自己的“高见”……

不拘小节常被人看作是大度潇洒的表现：大礼不辞小让，做大事的人哪顾得了那些鸡毛蒜皮的小事？

错矣！

其实，大事全部都是由不起眼的小事组成的，唯有把每件小事都做好，才有可能做成大事。更何况，许多生活社交上的所谓小事也许不会给你带来明显的财富收入，却是一个人修养素质的全部体现，是一个人潜在的形象及人际资源方面的投资。

有的人也许腰缠万贯，但言辞卑鄙；有的人口袋里没几个钱，衣着打扮也非名牌，但就是举止大方，气度不凡，让人不敢小看。比如说走路这样一个再平常不过的行为，有的人走路时低头驼背，无精打采，有的人则挺胸抬头，气度轩昂；有的人左摇右晃连蹦带跳，有的人则端庄大方，沉稳干练；等等。同样的道理，站姿、坐姿、吃相、着装等无一不向别人传递着你的修养品位、性格学识等多方面的信息。

不要以为小节无伤大雅，相反要注意从小处入手，树立自己的良好形象，全方位地完善自我，最终使自己登上大雅之堂。

妙用沉默“打开交谈之扉”

当人们都热衷于滔滔不绝之时，你不妨选择沉默，沉默自有沉默的妙处。

当人们想把自己的意见表达出来，用以争取别人的认同时，往往会犯一个大毛病，那就是说话太多，尤其是推销员最容易犯这种毛病。

所以有时你不妨试试这种办法，就是由自己提出问题，让对方畅所欲言。他对自己的事情，必然比你更清楚。所以你应主动先问别人问题，他一定会回答出一些你不知道的答案。

如果你不同意对方的观点，也不要立刻打断他的话，这样做很冒险。因为当对方仍有意见尚未表达完整时，绝不会注意你说什么。所以最好维持良好的风度，耐心地仔细聆听，并且要鼓励对方充分表达他的意见。

有位在报社任职多年的记者，后来成了一家大企业的公关主任，薪水上升了几倍。认识这位记者的人都知道，他是个身材矮小、说话迟钝又没有任何耀人学历的人。这样的人何以在数十个应聘者中脱颖而出呢？

原来他在接到面谈通知时，立刻去图书馆资料室，知道了这家企业创办人的生活经历。

从背景资料中他发现这位企业负责人，早年进过牢狱，不过那些不足为外人道的事，这位记者都暗记在心。同时他知道这个大老板在出狱后，从一个路边的水果零售店起家，后来涉足建筑业，最后成就现在的大企业。

这位记者在面试时，故意装糊涂地说：“我很希望在这样组织健全的大企业工作，听说您当年是只身南下闯天下，由一个小小的水果摊开始，到今日员工万人以上的企业，那是真的吗？”

那个大老板有段不堪回首的牢狱生涯，所以从不愿提起过去。不料这个记者能避开那面，直接把出狱后的创业和他南下闯天下连起来。这样他就能名正言顺地说起他的成功史，而且毫无愧色，甚至说到超过面试时间，大老板还意犹未尽。

最奇怪的是，原本面试应该是应聘的说，负责人听。但这一次，这位记者几乎不用说任何与将来有关的计划，甚至连自己的学历也不用提到，只要当听众就行了。

听完大老板志得意满的一段话后，这位记者就换了工作，获得了人人称羡的职位。他用的方法和其他应聘者不同，他花时间去研究怎样能让大老板多讲话。从这个例子我们可以看到，鼓励别人多讲话，是交谈的一个绝招。

假如谈话的对方，不能自然地打开话匣子。你可用各种关键语，使对方的舌头“润滑”一点，这就是“打开交谈之扉”的秘诀。

每个人在找到体贴而值得信赖的听众时，都会想自我夸耀一番。即使是想和外人商量时，也只是希望获得安慰、鼓励、忠告或突然想起某件事情。这时，你只要以一些轻微的身体语言，像皱皱眉、露出惊愕的表情或发出叹息，便可得到他的信赖，开始把心中的话一股脑地倾诉出来。

你先确认谈话的主题，然后选择适当的钥匙。慢慢地插入锁孔，轻转一下，就可轻易地打开言语之匣。而成为关键的钥匙，不外乎是下面这些话：

“要不要帮忙？”

“是怎么回事？说给我听听。”

“我们好好谈一谈。”

“我想我能为你效劳。”

如此，善加引导并让对方步上自己铺设好的轨道，打开对方的话匣子。

什么叫口才好的人？说穿了，就是能让对方多讲话的人。

“难得糊涂”真乃处世之道

每个人都喜欢别人认为自己聪明，有才华能干，因此，很多人言谈举止之间，总是有意无意显示一下自己某方面的优势。如果是同事、朋友之间这样做，应无大碍，若是在领导面前蓄意显能，往往会给自己带来霉运，因为你太聪明了，什么事都瞒不过你的眼睛，领导就会视你为眼中钉肉中刺，早晚要“铲除”掉才安心。

三国时期的杨修，在曹营内任主簿，思维敏捷，甚有才名。由于为人恃才自负，屡犯曹操之忌。曹操曾建造一所花园，竣工后，曹操观看，不置可否，只提笔在门上写了一个“活”字，手下人都不解其意，杨修说：“‘门’内添‘活’字，乃‘阔’字也。丞相嫌园门阔耳。”于是再筑围墙，改造完毕又请曹操前往观看，曹操大喜，问是谁解此意，左右回答是杨修，曹操嘴上虽赞美几句，心里却很不舒服。又有一天，塞北送来一盒点心，曹操在盒子上写了“一盒酥”三个字。正巧杨修进来，看了盒子上的字，竟不待曹操说话自取来与众人分而食之。曹操问是何故，杨修说：“盒上明书一人一口酥，岂敢违丞相之命乎？”曹操听了，虽然面带笑容，可心里十分厌恶。

曹操性格多疑，深怕有人暗中谋害自己，谎称自己在梦中好杀人，告诫侍从在他睡着时切勿靠近他，并因此而故意杀死了一个替他拾被子的侍从。可是当埋葬这个侍从时，杨修喟然叹道："丞相非在梦中，君乃在梦中尔！"曹操听了之后，心里愈加厌恶杨修，便想找机会除之。

曹操与刘备在汉水一带对峙很久，曹操由于长时间屯兵，到了进退两难的境地。此时恰逢厨子端来一碗鸡汤，曹操见碗中有根鸡肋，感慨万千。这时夏侯淳入帐内禀请夜间号令，曹操随口说道："鸡肋！鸡肋！"于是夏侯淳便把这句话当作号令传了下去。行军主簿杨修立即叫随从收拾行装，准备归程。夏侯淳见了便惊恐万分，把杨修叫到帐内询问详情。杨修解释道："鸡肋鸡肋，弃之可惜，食之无味。今进不能胜，退恐人笑，在此何益？来日魏王必班师矣。"夏侯淳听了非常相信他说的话，营中各位将士便都打点起行装。曹操得知这种情况，以杨修造谣惑众，扰乱军心为名，把他杀了。

俗话说得好："聪明反被聪明误。"应该肯定，杨修是一个绝顶聪明的人，问题在于他被聪明所误，处处都要露一手，所谓"恃才放旷"，不顾及别人受不受得了，不考虑别人讨厌不讨厌，而这个别人，却是曹操这个恃才傲物的顶头上司。于是，针尖儿对麦芒，杨修最终送掉了自己的小命。

这里，杨修智慧超人，却因过于自负，不给曹操留一点面子，而丧了性命，这是每一个想以"聪明"博得上司欢心的下属应该吸取的一条教训，曹操的"鸡肋""一盒酥"及门中的"活"字等，都是一种普通的智力测验，是一种文字游戏。他的出发点并不是真为了给大家出题测试，而是为了卖弄自己的超人才智。因此，即使猜着了，也只能含而不露，甚至还要以某种意义上的“愚笨”去衬托上司的“才智”。但是，杨修却毫不隐讳地屡屡点破了曹操的迷局。虽然说杨修锋芒外露，好逞才能，因此而赔上了自己的性命，也未免太可惜了。杨修聪明反被聪明误的故事告诉我们：处处想到表现自己，放任自己，无视上司的自尊心和心理承受能力，锋芒毕露，咄咄逼人，必然会招来上司的忌恨，甚至引火烧身。

由此看来，郑板桥的“难得糊涂”倒真是处世之道的至理名言了。面对上司，想必每个人都有“伴君如伴虎”之感。因此，我们要学会降虎之术，那就是让自己显得笨一点、愚一点，让上司显得英明一些，高大一些，这样我们这些“笨头呆脑”的家伙，在他眼里也就会可爱许多了。

所以，要不失时机地说话，恰到好处地闭口。

“装聋作哑”亦可不战而胜

选择装聋作哑可避免成为被人攻击的目标，也可避免自己去找人麻烦，好处真是不少！

某单位有一个女孩子，平日只是默默工作，并不多话，和人聊天，总是微微笑着。有一年，单位里来了一个好斗的女孩子，很多同事在她主动发起攻击之下，不是辞职就是请调。最后，矛头终于指向了这个女孩子。某日，这个好斗的女孩子抓到了那位一贯沉默的女孩子的把柄，立刻点燃火药，噼里啪啦一阵，谁知那位女孩只是默默笑着。一句话也没说，只偶然回一句“啊？”。最后，好斗的那个主动鸣金收兵，但也已气得满脸通红，一句话也说不出来。过了半年，这个好斗的女孩子也自请他调。

你一定会说，那个沉默的女孩子修养实在太好了，其实不是这样，而是那位女孩子听力不大好，理解别人的话总是要慢半拍，而当她仔细聆听你的话语并思索你话语的意思时，脸上又会出现“无辜”“茫然”的表情。你对她发作那么久、那么卖力，她回你的却是这种表情和“啊？”的不解声，难怪要斗不下去，鸣金收兵了。

这个故事说明了一个事实：面对“沉默”，所有的语言力量都消失了！

只要有人的地方，就会有争斗。这不是新鲜事，因此你要有面对不怀善意的力量的心理准备。你可以不去攻击对方，但保护自己的“防护网”一定要有，我的建议是：不如装聋作哑！

聋哑之人是不会和人起争斗的，因为他听不到，说不出，别人也不会拽这种人斗，因为斗了也是白斗。不过大部分人都不聋又不哑，一听到不顺耳的话就会回嘴，其实一回嘴就中了对方的计，不回嘴，他自然就觉得无趣了；他如果还一再挑衅，只会凸显他的好斗与无理取闹罢了，因此面对你的沉默，这种人多半会在几句话之后就仓皇地“且骂且退”，离开现场，如果你还装出一副听不懂的样子，并且发出“啊？”的声音，那么更能让对方“败走”。

不过，要“作哑”不难，要“装聋”才是不易，因此也要培养他人言语“入耳而不入心”的功夫，否则心中一起波澜，要不起来回他一二句是很难的。

学习装聋作哑，除了可不战而胜之外，也可避免自己成为别人的目标；而习惯装聋作哑，可避免自己去找别人麻烦，好处真是不少。

第八章
幽默是开心交流的魔法

幽默是人际交往的磁石

在社会生活中，幽默是无处不在的。幽默是语言的润滑剂，如果你善于灵活运用，必将为你的生活带来无穷的乐趣。

幽默是人际交往中的磁石，可以将你周围的人吸引到你身边来；幽默也是转换器，可以将痛苦转化为欢乐，将烦闷转化为欢畅，每个人都喜欢与机智幽默的人做朋友，而不情愿与忧郁沉闷、呆板木讷的人交往。

希望自己更受大家的欢迎就要懂得适时地幽默一下，更要懂得将幽默摆在严肃的前面。

某大学植物系有一位植物学教授，开的课虽然是冷门课程，但只要是他的课，几乎堂堂爆满，甚至还有人宁愿站在走廊边旁听，原因并不是这位教授专业知识多傲人，而是他的幽默风趣风靡了全校园，使得学生们都喜欢上这位教授的课。

有一次，该教授带领一群学生深入山区做校外实习，沿途看到许多不知名的植物，学生好奇地一一发问，教授都详细地回答解说，一位女同学不禁停下了脚步，对着教授赞叹地说：“老师，您的学问好渊博呀，什么植物都知道得那么清楚！”教授回头眨了眨眼，扮个鬼脸笑着说：“这就是我为什么故意走在你们前头的原因了，只要一看到不认识的植物，我就‘先下脚为强’，赶紧踩死它，以免露馅！”学生们听了个个笑得前俯后仰，可见，这次实习之旅是一趟充满了笑声的愉悦之旅。

当然，教授只是开个玩笑，幽默一下而已，这就是他广受学生欢迎的原因。

在人际交往中，冷漠的脸孔总是让人敬而远之，而微笑热情的面容总会让人有亲近的愿望。总板着“八点二十”苦瓜脸的人是不会被人欣赏和欢迎的，而拥有充满笑容的阳光脸的人会使人感觉与他成为朋友是一件让人愉快的事。

相关研究人员曾提出一个生活实验报告：“笑容可以招来笑容。”意思是说，当我们以笑脸对着别人时，别人也会以笑容回报，所以有人认为：“笑是一种可爱的传染病，被它感染了不但浑身舒服，还快乐无比呢！”研究人员还说：“‘笑脸迎人’不但是一剂人际关系的万能药，还是一剂最好的特效药。”请记住保持微笑、幽默对人，这样对人对己都是好处多多。

除了一张微笑的脸之外，受人欢迎还需要有一颗关心体贴别人的心。

曾经有一位病人牙疼去看牙医，牙医看了看后说：“这颗牙已经严重蛀坏了，无法做根治，需要整颗拔掉！”病人说：

“请问拔一颗牙要多少钱？”牙医回答说：“600 元。”病人一听大吃一惊地说：“什么？拔一颗牙只需短短几分钟就要收 600 元！”牙医笑道：“如果你要慢慢地拔也可以，我可以慢慢地帮你拔，拔到你满意为止。”

在适当的场合，幽默口才可以使你更容易让人亲近，可以消除初次见面的尴尬与不安，可以使紧张的心情松缓下来，从而使你更受别人的欢迎。

幽默让你说话深刻有力

随着工作上的人际关系日益复杂，你迫切需要幽默力量的不断增长，这样你会摆脱许多不必要的麻烦。有的人在工作场合一说话就感到紧张不安，其实这时如果你掌握了幽默的技巧，就可以摆脱不安了。只要有个诙谐的开头，再有个良好的线索，并且使其首尾相接，一气呵成，就没有什么值得紧张不安的了。当然，语言幽默说起来容易，做起来却很难，需要我们好好学习。

说话要深刻有力，就要学会运用诙谐的力量。因为幽默能给人们留下亲切可敬的印象，从而使你的观点为人家所认同。

说话通常的开场白有两种方式：一种是速成式，就是要在开场时立刻抓住听者的注意力；另一种是缓慢式，也就是先让听者了解你要讲些什么，然后再进入正题。无论用哪种方式开始与人交谈，幽默诙谐的开场方式都能帮助你顺利地进入正题，从而在你与听者之间建立起成功的联系纽带，直到你的谈话结束。

其实之所以不断强调幽默在谈话中的重要性，是因为幽默会让听你说话的人喜欢上你。而只要他们喜欢上了你，无论你说什么，他们都会乐意听下去。

在言谈中，一些难以直说的观点往往可以通过开自己玩笑的方式表达出来。比如在谈到时间的重要性时你可以说：“记得在刚开始工作的时候，前辈们告诉我专心工作可以让我忘却一切烦恼，但直到最近我才发现这句话果然有效。”

这种把幽默的玩笑口吻用到自己身上，借以表达自己的观点的方式，就能和听者建立亲密的沟通关系。因为人的注意力是相对的、暂时的，因此在吸引对方注意力方面不能指望一劳永逸。一旦你说话变得平淡，听者就会感到乏味，注意力就难免要分散。因此，你在谈话中，要时时注意观察对方的反应，一旦意识到对方的注意力有所分散，就要努力把他拉回来。你可以改变一下话题，或者是换一下说话的方式，用一句俏皮话或一则笑话把对方的注意力再次集中到你的身上。

要知道，幽默故事必须与你所说的内容相吻合，并使其成为你所要表达的内容之一。如果穿插的幽默故事与你所讲的内容毫无关系，那也只能让别人开心一下，对你所说的话的效果丝毫没有帮助。

幽默给人以从容不迫的气度，更是成熟、机智的象征。你不必为自己的言语贫乏而懊恼，掌握下列幽默方法，你也可以成为幽默专家。

——当你转述某件趣事的时候，不要急于显示结果，应当沉住气，要以独具特色的语气和带有戏剧性的情节显示幽默的力量，在最关键的一句话说出之前，应当给听众造成一种悬念。假如你迫不及待地把结果讲出来，或是通过表情与动作的变化显示出来，那就像饺子都破了一样，幽默便失去效力，只能让人扫兴。

——当你说笑话时，每一次停顿，每一种特殊的语调，每一个相应的表情、手势和身体姿态，都应当有助于幽默力量的发挥，使它们成为幽默的标点。重要的词语应加以强调，利用重音和停顿等以声传意的技巧来促进听众的思考，加深听众的印象。不管你肚子里堆了多少可乐的笑话和俏皮语言，你都不能为了体现你的幽默之处，而不加选择地一个劲儿地倒出来。语言的幽默风趣，一定要根据具体对象、具体情况和具体语境来加以运用。而不能使说出的话不合时宜。否则，不但收不到谈话所应有的效果，反而会招来麻烦，甚至伤害对方的感情，引起事端。因此，如果你现在有一个笑话，不管它有多么风趣，但是它有可能会触及对方的某些隐痛或缺陷，那么，你还是做一下努力，把它咽到肚子里去，不说出为好。

用幽默的解嘲回应“揭短”

你正在兴致勃勃地向你的朋友讲述你怎样从池塘里钓上两

条大鱼。你的妻子却在一旁插话说：“听他的！他钓了两天，一条小鱼儿的影子都没见着！那鱼是花钱买的！”

你正在和新结识的女友吹嘘：“我最近上了一个戏，这是我头一次独立执导，故事非常精彩，上映后一定会轰动。”旁边却走过来一个朋友：“嘿，不怕西北风闪了舌头！姑娘，别听他瞎编，他哪是什么导演，只是个场记而已！”

你正在帮助你的邻居修理电视机：“原因可能在天线，也可能是显像管出了毛病……”这时，你的亲戚走过来：“嗨，他只会拆零件。前天我那台彩电，没修前能看两个频道，让他一修，只能看一个频道了！”

这种情况在聚会中也时常出现，面对别人开玩笑似的揭你的“短”，你真有点下不来台。你想默认又觉得窝囊，想还口又觉口吃。怎样从困境中摆脱出来？不妨运用幽默的语言、滑稽的表情和笑料冲淡这尴尬的处境，活跃气氛。

你可以接着妻子的话说：“不错，我往池塘里扔了五元钱，那两条鱼就自动跑进我的网兜里了！”

你也可以接着朋友的话说：“场记怎么啦？导演都得先干场记，不信你去问问黑泽明！”

你还可以说：“每个电视机有不同的毛病，修不好你的，不见得修不好他的！”

显然，设法改变处境比保持沉默要主动，但有一点应明确：那些“揭短”的人通常是你的配偶、亲友，你不能采用气愤的话语予以还击，而幽默的解嘲是最好的办法。

在聚会中对付别人“揭短”时，尤其要注意：

1. 尽量不怀疑他人别有用心

如果我们神经过敏，对别人的每一句话都琢磨一番潜台词、话外音，那就会自寻烦恼。因为在许多场合，对方往往是脱口而出或即兴联想的玩笑话，根本没想到会伤害你。不知者不为过，我们何必胡乱猜疑呢？

2. 不可反唇相讥

有人听不得半句“重话”，动辄连珠炮似的反讥。常因此挑起唇枪舌剑，使良好的关系破裂。一般说来，开玩笑的人若是得到严肃的回应，脸上常挂不住。所以，我们不能为笑话失去一个朋友，甚至给人留下心胸狭窄的印象。

3. 泰然处之

遇到别人“揭短”，既不能保持沉默，又不能机智地改变处境，以至于失态，那就显得有些“小器”了。而保持泰然自若的风度，暂时把“揭短”抛置一边，寻找别的话题，或端起一杯茶、转移别人的视线等，才是上策。当然，最佳方案是急中生智和具有幽默感。一位作家刚发表一篇小说，赞誉之声鹊起。另一位作家却不以为然，跑去问他：“这本书还不赖，是谁替你写的？”他答道：“哦，谢谢你的称赞，不过，是谁替你把它读完了？”幽默的回敬，对“揭短”者也是一种有效的应付之道。只要善用幽默，你就可以从尴尬中迅速走出来。

笑声和幽默巧妙除尴尬

俄国作家契诃夫曾说："不懂得开玩笑的人，是没有希望的人。"在我们身边常能看到这样一种女性，她们天生丽质、品行端庄，但是过于一本正经，总让人感觉缺乏亲和力，单调无趣。这样的人，又有谁愿意总和她们在一起呢。相反，人们往往更愿意和有幽默感和亲和力的人交往，这些人工作能力不比别人差，而且还总是能给人们带来新鲜感甚至是惊喜。在工作的同时放松心情。他们就像是派送欢笑的天使，他们在哪里出现，笑声就在哪里跟着出现。对他们来说，消除尴尬绝对就是小菜一碟。

除了能够化解尴尬之外，幽默是体现修养和风度的最佳手段。一个风趣幽默的人，必然有着豁达的胸襟和乐观的心态。而一个只知道怨天尤人、悲观厌世的人，绝对没有幽默的细胞。幽默不是天生的，它完全可以通过后天学习得来。

多看些有趣的电视节目，多接触一些有趣的人，学习用有趣的方式说话，多说有趣的话。逐渐改变单调的说话方式，提升自己的知识水平。慢慢成为秀外慧中，富有涵养的人。如果还能学会在幽默中加入不伤大雅的带点酸味的说话方式，就更可以成为受大家欢迎的人了，你的出现会给周围人带来欢乐，同时也让自己放松，提升了自己的魅力。

幽默是生活的智慧，是面对曲折的人生仍能保持豁达乐观的态度。幽默是磁铁，可以把周围的人吸引过来，而朋友多了，生活将变得更加有趣，还可以将郁闷转化为欢乐，苦闷转化为畅快，消除尴尬。幽默是调味品，给生活加上不同的味道。

每个人在生活中都可以是幽默的持有者，幽默并不需要多高的智商。只要有平和的心态，懂得用全新的角度去看待问题，欣赏生活中的任何琐事，幽默就是信手拈来的事情。

幽默是人际关系的润滑剂，学会恰当地运用幽默，会让人们的交往变得更加通畅，沟通更加顺利。

幽默也需天时地利人和

幽默，是一项高超的语言艺术，运用得当，会帮助你成为一个真正的交际高手。大家都有这样的体会，和幽默风趣的人相处，会觉得非常轻松愉快，气氛融洽。

也许你就是一个非常有幽默感的人，但你却很可能不知道不适时的笑话或是幽默所能导致的后果是什么，并且你也很可能不明白如何去正确地运用它。你需要明白的是，平等从容才能幽默，聪明透彻才能幽默；装腔作势难以幽默，迟钝拙笨亦难以幽默。多一点幽默并不仅仅是为了一笑，而是为了使语言更加丰富，更富于美感。如果你不能正确地运用幽默，那别人就会把你也看成是一种笑话。因此，在你需要用幽默或是笑话来调节你所处的场合的气氛时，你一定要明确地知道在场的听众是不是有幽默的秉赋，不然的话你所说出来的幽默就根本得不到认可，甚至在场的所有听众对你所表演的幽默一点也不会有所反应。反而会惹来对方的暴怒。

在某俱乐部举行的一次招待会上，人员拥挤，场面非常宏大、热闹。服务员端酒时，为了躲闪过往的人，不慎将啤酒洒到几位宾客的头上。服务员吓得手足无措，全场人也目瞪口呆。

这时，主人为了缓和气氛，消除尴尬，故作幽默地说："呵呵，人家不说有啤酒洗发香波嘛，我们这啤酒，对头发保养可极具功效呢。"谁知一语既出，在座的一位宾客勃然大怒。这位客人年过四十，头发几乎秃了一半，平时最忌讳别人谈到头发的问题，这次听到主人这番话，还以为是主人借此来奚落自己呢。这正是说者无意，听者有心，不合时宜的幽默只会让事情更加糟糕，弄巧成拙。

所以说，幽默是一把双刃剑，运用得当，锦上添花，转败为胜。但若不分场合和对象，一味乱搞笑，乱幽默，却往往会坏了大事。在现代社交中，有些场合是不适宜开玩笑的，比如在严肃的会议桌上，当大家正在为公司的发展困境眉头紧锁的时候，乱开玩笑可能会引起上司的不满，认为你不关心公司发展，想抽身事外，独善其身。比如在病房的时候，我们可以想尽办法安慰病人，但切忌乱用幽默，尤其是用与病人疾病有关的事情开玩笑。这就是古人常说的，不能在跛脚的人面前开瘸子的玩笑。

在现实生活中，幽默一定要切合场景，将人、事、情巧妙结合，才能显示出幽默者的高水平。如果一味卖弄，胡乱幽默，那真是搞笑不成反成冷笑话。这里有两个乱用幽默的小例子，可供大家引以为戒。

一位房客租房之后，感觉甚不满意，很多地方与房东原先承诺的大相径庭。尤其让他不能忍受的是在雨天的时候，房顶居然漏水。有一天，大雨过后，屋顶漏进来的雨水淋坏了房客的书柜，其中的书被淋湿了大半。房客忍无可忍，找到房东说："我没法再忍受下去了，这屋顶一刻不停地往我房间里漏水，你必须马上给我解决。"房东自知理亏，看到房客怒气冲冲的样子，想先平息一下他的怒气，就笑着说："呵呵，我们的租金这么便宜，当然只能漏水了，难道还想漏香槟不成。"可想而知，这句话对租客来说可谓火上浇油，马上退房，一点商量的余地都没有。

另一则故事发生在一个小饭馆里，一位客人点了一只鸡。当菜上来之后，客人发现这鸡的做法和平时不一样，感觉好像是不同的鸡块拼凑而成的，但他又不敢肯定。于是他问服务员："我怎么发现这鸡的两条腿一条长一条短呢？"这时服务员想调侃一下，就说："先生，您到底是来吃鸡的呢，还是来和鸡跳舞的呢？"一语激起千层浪，客人听后怒不可遏，认为这是在侮辱他，于是找到餐馆经理，大闹了一场。

幽默有个前提就是，你要了解自己，知道自己的身份，还要弄清楚自己是否是一个具有幽默秉赋并能灵活运用的人。如果不了解这一点，只是凭自己的兴致，不分场合地去说一些你自己认为是十分有趣的笑话或是幽默，是不会收到良好的效果的。如果你的幽默与当时的形势以及场合极不协调，那么你的那种自认为的幽默或是笑话，周围的人可能对此是不屑一顾，在很多的时候还往往会引起别人的反感，甚至被人视为是对自己的侮辱而遭到反对。

身份对于幽默很重要，对于身份高的人来说幽默是非常容易的，因为，他可以凭借自己的身份，来轻松地幽默。但是，身份地位低的人在面对地位高的人的时候，幽默就不是容易的事情了，身份低的人要经常用自嘲的方式来幽默，这比其他的形式更好。

幽默要把握好分寸，如何掌握分寸呢？

1. 幽默内容要高雅。幽默的内容取决于幽默者的思想情趣与文化修养。只有内容健康、格调高雅的幽默，才能给人以启迪和精神享受，也有利于对自己美好形象的成功塑造。幽默内容粗俗或不雅，有时也能博人一笑，但过后就会感到乏味无聊。

2. 不挖苦，不嘲笑。不模仿、不挖苦和嘲笑别人，不要去模仿别人的动作和讲话来加以取笑。无休止的幽默，反而会失去幽默的魅力。幽默的语言应该是很精练的，不要唠唠叨叨，啰啰嗦嗦，说个没完，不要一味地滑稽俏皮，无止境地幽默，否则使你得一个“小丑”的名声，有损你的形象。

3. 幽默态度要友善。装腔作势、揭人隐私、笑里藏刀、指桑骂槐、牵强附会、含糊其词、低级庸俗、油腔滑调等，都是说幽默笑话的大忌。幽默的过程，是感情互相交流传递的过程。不能借幽默来对别人冷嘲热讽，发泄内心厌恶和不满感情，这种玩笑就不能称为幽默，别人一定会认为你不够尊重他人，以后也不会愿意和你继续交往。

4. 幽默要看场合，还要把握好时机。日常生活中，有许多场合可以说幽默的笑话，如盛夏纳凉、乘船候车、月下漫步、课余小憩、酒前宴后闲聊等等。但在严肃的场合、庄重的会议或葬礼等一些场合上则不宜说幽默的笑话。在婚礼的宴席上，可以就新郎新娘的恋爱轶闻说些幽默而带有启示意味的话，但不要以新郎新娘的长相、年龄或隐私等敏感的问题作为笑料来大肆宣扬，那是令人不快的。一旦发现幽默不能令大家高兴，或者把别人带到愉快的气氛里，你就要收住。

5. 幽默应注意对象。不是什么人都可以说幽默笑话的，要区分不同的性别、身份、地位、阅历、文化素养和性格。一般来说，在熟人、同乡、同学、老同事之间，说些幽默风趣的话，即使玩笑开得有些过火也无伤大雅。但如果是上级、名人、长者、陌生人、女性（尤其是妙龄少女）、性格忧郁或孤僻的人、对工作或职业不满的人，一般不宜随便开玩笑，否则会适得其反。

我们身边的每个人，因为身份、性格和心情的不同，对幽默的承受能力也有差异。一般来说，晚辈不宜同前辈开玩笑；下级不宜同上级开玩笑；男性不宜同女性开玩笑。在同辈人之间开玩笑，要注意对方的情绪信息和性格特征。如果对方性格外向，能宽容忍耐，幽默稍微过大也无妨；若对方性格内向，喜欢琢磨言外之意，幽默就要慎重了。对方尽管平时生性开朗，但若恰好碰上不愉快或伤心之事，就不能随便与之幽默。相反，对方性格内向，但正好喜事临门，此时与他开个玩笑，幽默的氛围也会一下子凸显出来。

可见，掌握幽默的分寸是非常重要的。轻松幽默地开个得体的玩笑，可以松弛神经，活跃气氛，营造出一个适于交际的轻松愉快的氛围，因而幽默的人常常受到人们的欢迎与喜爱。但是，玩笑一旦开得不好，幽默过了头，效果就会大打折扣。

所以，现在你要注意的就是，要对自己和你所面对的人有一个正确的估计。要学会正确地运用幽默这种精神调节剂，因时因势，因地制宜地幽默一下，才能使幽默真正起到它该有的效果，才能不至于导致别人的误解或不快。

幽默不是恶搞，不是简简单单逗人一乐。幽默要机智、会心，还要有一点点洒脱和大度。只有将幽默灵活驾驭的人，才会为语言增加色彩，提高自己的吸引力和风度。但如果不切合场景，只学会幽默的皮毛，却抓不住幽默的实质，结果轻则成为无人理睬的冷笑话，重则赔了夫人又折兵。

“玩”幽默切记要张弛有度

1. 和不同辈分的人开玩笑要适当

和长辈、晚辈开玩笑要高雅、机智、幽默，能助兴，乐在其中。

2. 和残疾人开玩笑要注意避讳

人人都怕别人用自己的短处开玩笑，残疾人尤其如此。俗话说，盲人面前不谈灯光。

要知道人是没有完美无缺的，他人的缺陷和不足绝不是你拿来玩笑的材料。这种笑话会严重地伤害到对方，导致不堪设想的后果。

3. 和非血缘关系的异性单独相处时忌开玩笑

哪怕是开正经的玩笑，也往往会引起对方的反感，或者会引起旁人的猜测非议。要注意保持适当的距离，当然，在一定场合也不能拘谨别扭。

异性之间的幽默更要做到张弛有度，那些所谓的“段子”不但不能拉近异性之间的距离，反而会降低自己的格调，使对方认为你低俗难耐。

4. 朋友陪客时忌和朋友开玩笑

人家已有共同的话题，已经形成和谐融洽的气氛，如果你突然介入与之开玩笑，转移人家的注意力，打断人家的话题，破坏谈话的雅兴，朋友会认为你扫他的面子。

5. 莫板着脸开玩笑

到了幽默的最高境界，往往是幽默大师自己不笑，却能把你逗得前仰后合。然而在生活中我们都不是幽默大师，很难做到这一点，那你就不要板着面孔和人家开玩笑，免得引起不必要的误会。

6. 不要总和同事开玩笑

开玩笑要掌握尺度，不要大大咧咧地总是开玩笑。这样时间久了，在同事面前就显得不够庄重，同事们也不会尊重你，在领导面前，你会显得不够成熟，不够踏实，领导也不会信任你，因而不会对你委以重任。这样做实在是得不偿失。

7. 不要以为捉弄他人也是开玩笑

捉弄别人是对别人的不尊重，会让人认为你是恶意的，而且事后也很难解释，它绝不在开玩笑的范畴之内。轻者会伤及你和同事之间的感情，重者会危及你的“饭碗”。记住“群居守口”这句话吧，不要祸从口出，否则你后悔晚矣！

8. 内容要高雅

笑料的内容取决于开玩笑者的思想情趣与文化修养。内容健康、格调高雅的笑料，不仅给对方启迪和精神上的享受，也是对自己美好形象的有力塑造。钢琴家波奇一次演奏时，发现全场有一半座位空着，他对听众说：“朋友们，我发现这个城市的人们都很有钱，我看到你们每个人都买了两三个座位的票。”于是在场听众放声大笑。波奇无伤大雅的玩笑话使他反败为胜。

9. 态度要友善

与人为善是开玩笑的一个原则。开玩笑的过程，是感情互相交流传递的过程，如果借着开玩笑对别人冷嘲热讽，发泄内心厌恶、不满的感情，那么除非是傻瓜才识不破。也许有些人不如你口齿伶俐，表面上你占了上风，但别人会认为你不能尊重他人，从而不愿与你交往。

10. 行为要适度

开玩笑除了可借助语言之外，有时也可以通过行为动作来逗别人发笑，但必须要适当，否则会酿成恶果。

11. 要区别对象

同样一个玩笑，能对甲开，不一定能对乙开。人的身份、性格、心情不同，对玩笑的承受能力也不同。

幽默教你方圆处世之道

在我们的个人生活中，总是不断地扮演着主人和客人的角色，因此我们有可能要去应付不合理的要求、令人不快的行为或者闹得不像话的场面。有人想平息餐桌上的争论，他提了一个十分意外的问题：“诸位，刚才是一道什么菜？大概是鸡！”“是的。”一位客人回答。“一定是公鸡！”这人一本正经地说，“原来是鸡在作祟，难怪大家要斗起来。”说完他举起酒杯：“来点灭火剂吧，诸位！”一场餐桌上的争论顷刻间平息了。

方圆处世，就是善于化解困境。有时候为了化解困境，没有任何合适的方式，只有依靠幽默的力量。

当百货公司大减价，购物的人又推又挤的时候，每个人的脾气都犹如枪弹上膛，一触即发。有一位女士愤愤地对结账小姐说：“幸好我没打算在你们这儿找‘礼貌’，在这儿根本找不到。”结账小姐沉默了一会儿，说：“你可不可以让我看看你的样品？”那位女士愣了片刻，笑了。

每一个有经验的领导者都知道，要使身边的下属能够和自己齐心合力，就有必要将自己的形象人性化，才能达到圆满做事的目的。

有一位年轻人刚刚当上了董事长。上任第一天，他召集公司职员开会。他自我介绍说："我是杰利，是你们的董事长。"然后打趣道，"我生来就是个领导人物，因为我是公司前董事长的儿子。"参加会议的人都笑了，他自己也笑了起来。他以幽默来证明他能以公正的态度来看待自己的地位，并对之具有充满人情味的理解。实际上他委婉地表示了：正因为如此，我更要跟你们一起好好地干，让你们改变对我的看法。

有时我们确实需要以有趣并有效的方式来表达人情味，给人们提供某种关怀、情感和温暖。据说有一位大法官，他寓所隔壁有个音乐迷，常常把电唱机的音量放大到使人难以忍受的程度。这位法官无法休息，便拿着一把斧子，来到邻居家门口。他说："我来修修你的电唱机。"音乐迷吓了一跳，急忙表示抱歉。法官说："该说抱歉的是我，你可别到法庭去告我，瞧我把凶器都带来了。"说完两人像朋友一样笑开了。

这位法官并不是想把邻居的电唱机砸坏。他是恰当地表达了对邻居的不满——请注意：是对电唱机而不是对人——他的行为似乎是对音乐迷说："我们是朋友，我希望和你好好相处，至于唱机，可以修理一下。"当然，所谓修理只是把唱机的声音开低些罢了。

这就是"趣味思考法"——不要正面揭示或回答问题，而是以"圆"的方式，用愉悦的、迂回的方式揭示或回答问题。著名足球教练罗克尼，也是个善于进行趣味思考的人。有一次球赛，罗克尼所带领的诺特丹足球队在上半场输给威斯康辛队7分。可是他在休息室中一直与队员们开玩笑，直到要上场进行下半场比赛时，他才大喊：“听着”！队员们惊惶失措地望着他，以为他要把每一个人都大骂一通。但是罗克尼接下去说：“好吧。可以走了！”没有责备，没有放马后炮，也没有指手画脚强调下半场如何踢球。罗克尼的乐观、豁达，克服了队员们心理上的障碍，帮助他们忘掉艰难的处境。他的队在下半场创造了奇迹，踢出了一连串漂亮的、近乎幽默的球。后来罗克尼对采访他的人说：“不是我赢了，而是我的趣味思考法赢了。因为我知道我们精神上赢了，那么球也赢了。”

幽默作家班奇利，在一篇文章中谦虚地谈到他花了15年时间才发现自己没有写作的才能。结果一位读者来信对他说：“你现在改行还来得及。”班奇利回信说：“亲爱的，来不及了。我已无法放弃写作了，因为我太有名了。”这封信后来被刊登在报纸上，人们为之笑了很长时间。事实是班奇利的幽默作品闻名遐迩，但他没有指责那位缺乏幽默感的读者。他以令人愉悦的、迂回的方式回答了问题，既保护了读者可爱的自尊心，也保护了自己的荣誉。

如果你对自己幽默的手法没有足够的自信，不妨学学孩子式的幽默。即使在50岁以后，我们也经常为孩子们由天真而产生的幽默所感动。他们是真正以坦诚待人，不会隐瞒任何事实。当他们毫不掩饰地道出心里想的或事实真相时，人们一下子就喜欢上他们，跟他们在一起会感到无比轻松、愉快。

有一次，杰克在家里请几位朋友吃饭。朋友来了，他妻子要他们的小女儿向客人说几句欢迎的话。她不愿意，说："我不知道要说些什么话。"这时一位来做客的朋友建议："你听到妈妈说什么，你就说什么好了。"他女儿点点头，说："老天！我为什么要花钱请客，我们的钱都流到哪儿去了？"杰克的朋友们大笑起来，连他妻子也不好意思地笑了。

这就是孩子式的幽默。女儿把母亲的想法以极纯真的方式说了出来，使大人们也不得不认真地检讨一下自己的想法，同时也减轻了我们对金钱方面的忧虑。杰克也从中得到了一点东西：孩子式的幽默能使我们显得格外真诚。

为了取得理想的效果，幽默时要特别注意以下两点：

1. 幽默必须真实而自然

我们经常看到和听到一些人的幽默言行。他们圆满做事的手段令人叹服，大多把幽默的力量运用得十分自如、真实而自然。没有耸人听闻，也不哗众取宠，更不是做戏。这是因为，他们都知道太精于说妙语和笑话，对个人的形象并无帮助。

但是有的人就不那么高明了，他们摇头摆尾。手势又多又复杂。有的人智力平平，却非要附庸风雅，企图以成串的笑料和廉价的笑来博得听众的欢心。他们硬要把自己塞进别人的肚子里，不顾别人是不是有这个胃口。

结果也许是真的引起了笑，但很可能是笑他形象的滑稽和为人的浅薄。

有一个人，他一心想得到某俱乐部主席的位置。他在一次对俱乐部成员的演说中，表现过了头，在不到两小时的演说过程中，他至少说了 50 则笑话，并配以丰富的表情和确实引人发笑的手势，听众们被逗得哈哈大笑。末了，在他讲完最后一则笑话时，有人大叫“再来一个！”

这位老兄也真的再来了一个，再次把人逗得疯狂大笑。但是他没有当上俱乐部主席，他的票数是所有候选人中的倒数第二。

当他闷闷不乐地走出俱乐部时，他问那位喊“再来一个”的听众：“你说我比他们差吗？”

“不，一点也不差，”那人说，“你比他们有趣多了，可以去当喜剧演员。”

一味圆滑地迎合听众，结果却是惨遭淘汰，因此，把握分寸十分重要。

2. 敢笑自己的人才有权利开别人的玩笑

海利·福斯第说：“笑的金科玉律是，不论你想笑别人怎样，先笑你自己。”

笑自己的观念、遭遇、缺点乃至失误，有时候还要笑笑自己的狼狈处境。每一个迈向管理岗位的人得有随时挨人“打”的心理准备，如果缺乏笑自己的反馈功能，那么他最好还是不要尝试。

有人对一位公司董事长颇反感，他在一次公司职员聚会上，突然问董事长：“先生，你刚才那么得意，是不是因为当了公司董事长？”

这位董事长立刻回答说：“是的，我得意是因为我当了董事长。这样我就可以实现从前的梦想——一堵董事长夫人的芳容。”

董事长敏捷地接过对方取笑自己的目标，让它对准自己，于是他获得了一片笑声。连那位发难的人也忍不住笑了。

人们没有理由不喜欢这样的人。如果今后他们拿我们开玩笑时，我们只能同他们一起哈哈大笑，而没有半点怨言。

笑自己的长相，或笑自己做得不太漂亮的事情，会使你变得较有个性。如果你碰巧长得英俊或美丽，要感谢祖先的赏赐。同时也不妨让人轻松一下，试着找找自己的缺点。如果你真的没有什么有趣味的缺点，就去虚构一个，缺点通常不难找到。

敢于嘲笑自己的缺点，正是拥有自信的表现，可以说，幽默是一个人做人、做事的一个相当有用的“硬件”。

“拿自己开涮”带给你好人缘

会自嘲的人是聪明的，他们懂得自我解嘲，并且以这种方式来化解尴尬。会自嘲的人是勇敢的，他们勇于面对自己的不足与缺陷。在别人嘲笑自己的缺点时，他们没有恼羞成怒，而是用自嘲的方式来回应，从而完美展现出自己的大度与智慧。自嘲是一种生活态度，它可以使原本很沉重的东西刹那变得轻松无比。生活之中难免会遇到挫折，不管多么智慧的人也会遭遇生活的坎坷。在挫折面前捶胸顿足于事无补，只会让人更加难过。人生的道路都是用心来描绘的。所以，无论自己处于多么严酷的境遇之中，心都不应为悲观的思想所萦绕。适当地为自己寻找一个宣泄口，宽容地对待那些失误，让自己紧张的心可以得到一丝宽慰，也许能帮助你发现生活中的美。

在日常生活中，懂得自嘲、幽默的人，始终会以此作为人际交往中的“润滑剂”，他们为单调呆板的生活增添色彩。他们所得到的并不只是笑声，更赢得尊敬和真诚的友谊。

某些时候，自嘲好像是自己揭自己的短，让自己的缺点暴露出来供别人评点，但事实上，这种方式更能获得大家的理解，从而树立起亲和、友好、胸襟宽广的形象，更表达出自嘲者无限的自信，让周围的人更乐于和其接近，甚至有时自嘲也能成为一种反击方式。来看下面这个小故事：

清代著名文学家蒲松龄虽然一生清贫，但他为人却是刚正不阿，不畏权贵，一身正气。

一日，蒲松龄穿着一身比较朴素的衣服去一个有钱的朋友家赴宴。席间，一个穿绸裹缎的矮胖商人阴阳怪气地问蒲松龄：“久闻蒲先生文采出众，是一个大才子，怎么总也不见先生金榜题名呢？”蒲松龄听出了商人奚落的语气，他只是微微一笑，说道：“先生不知，其实我对功名已心灰意懒，最近我已经弃笔从商了。”这时，又一个满身绫缎的瘦高官吏插话了，他故意装出很吃惊的样子说：“经商应该挺赚钱的呀！可蒲先生为何衣着平平，是不是已经血本无归了？”

蒲松龄叹了口气，接着说道：“唉！大人您真聪明，真是未卜先知呀，我确实是赔钱了。最近我跑了趟登州，在当地碰上了一批刚运来的象牙，大多都是用绫缎包裹着，也有极少数用粗布包的。我原以为用绫缎包的肯定名贵一些，所以就用大部分的钱买了绫缎包的，至于粗布包的，只要了少许。可谁知，带回家一看，唉！绫缎包的竟全部是狗骨头，粗布包的才是货真价实的象牙！”

权贵们听后一个个目瞪口呆，他们都知道蒲松龄是在骂自己，却各个哑口无言。

面对别人的挑衅，蒲松龄并没有急于掩饰自己服饰的简朴，反而坦然地接受。可是，通过巧妙的语言暗示，他将穿粗布者与穿绫罗绸缎者作了比较，将自己比喻成象牙，而将权贵们比喻成狗骨头。正是因为有这份自嘲的自信，蒲松龄才能睿智地给出反击，让那些羞辱自己的人自取其辱。

一个人敢于自嘲，说明他内心首先充满了自信，他对自己非常了解，所以不在乎别人的评价。当他拿自己开玩笑的时候，别人所看到的不是他的不足，而是他的智慧、情趣以及坦诚。所以说，自嘲并非是无可奈何之举，而是一种从容不迫的大智慧。一句自嘲的话，可以让所有的攻击土崩瓦解，让数九寒冬瞬间变成和风细雨。

如果我们能够常常以自己可笑的地方，开开玩笑，一定可以赢得许多朋友的友谊。因为你尊重别人，取笑自己，正可以表示你把自己置于与朋友同等的地位。

第九章
含蓄是间接批评的艺术

艺术地批评人更易起效

不同的人由于经历、文化程度、性格特征、年龄等的不同，对于批评的承受力有很大的区别，这就要求批评者根据不同批评对象的不同特点，采取不同的批评方式。

不同的人对于同样的批评，会有不同的心理反应，因为不同的人，性格与修养及对问题的看法都是有区别的。

批评要因人而异，不可全盘否定，要通过提供多角度、多内容的比较，使人反思领悟，从而自觉愉快地接受批评，改正错误，这才是我们所关心的问题，也是我们提出批评指正的目的。

当员工犯下不可原谅的错误时，身为领导无可避免地要对其加以批评。胡乱批评起不了任何作用，且极易使部属产生逆反心理，认为上司性情暴戾，动辄发怒。

某公司有一位高级负责人，曾由于工作严重失误造成了500万美元的巨额损失。为了此事，他心里十分紧张。许多人向董事长提出应把他开除，但董事长却认为一时的失误是企业家精神的“副产品”，如果能继续给他工作的机会，他的进取心和才智有可能超过未受过挫折的人。因为挫折对有进取心的人是最好的激励剂。第二天，董事长把这位高级负责人叫到办公室，通知他调任同等重要的新职。这位负责人十分吃惊：“为什么没有把我开除或降职？”“若是那样做，岂不是在你身上白花了500万美元的学费？”后来，这位负责人用坚强的毅力和智慧为公司做出了卓越的贡献。

下属犯错误时，不少领导对此的反应常常是凶狠的训斥甚至责骂。这样做并无助于问题的解决。既然错误已经犯了，就只能在如何减少错误的损害程度和避免重犯上下功夫，使错误成为通向成功之路的铺路石。批评是一门艺术，如何有效地利用它呢？

1. 注意场合

批评时要考虑时间、场合和机会。假设一位管理者带着部下到顾客那里去访问，当管理者发现部下在言谈举止上存在问题时，最重要的还是要用高明的谈话方法，把部下的缺点掩饰过去。当没有旁人的时候，对部下提出批评，是绝妙的时机。

2. 对事不对人

有人批评人时总是说：“从你做的这件事就能看出你这个人怎样？”这是批评之大忌。批评时，只能针对事情，而不能针对个人的人格、品性，拿事来说人。

3. 先赞扬，后忠告

批评的最终目的不是要把对方压垮，不是整人，而是为了帮助他成长；不是去伤害他的感情，而是帮他把工作做得更好。

有的领导之所以善于运用批评，就是他们能采取先扬后抑的方式，比如：“小张，你的调整报告写得不错，你肯定下了不少功夫。同时，还有一个重要的问题你要注意……”“小李，自从你调到这个单位来之后，你表现不错，对你取得的成绩，我非常赞赏。就是有一点我觉得可以做得更好，我也相信你一定愿意改正的……”如果对方需要得到忠告，要从赞扬其优点开始。这种方式就好像外科医生手术前用麻醉药一样，病人虽然有不舒服的感觉，但麻醉药却能消除疼痛。

从赞扬开始，以忠告结束批评，问题也解决了，感情也没伤害到，真是奇妙的方法。

4. 缩小批评的范围

人们犯错时，受不了的是大家对他群起而攻之，因为这伤害了他的自尊，他也许会承认错误，但无法接受这种批评方式，这将使他对领导、对同事充满敌意，一旦有机会，将以牙还牙。

如果我们希望自己的批评取得效果，就决不能使别人反对自己。我们的目标是取得一些好的效果——或者使对方回到正确的航向上来，而不是去贬低他。即使你的动机是最高尚的，是真心诚意的，也要记住，对方的感觉也在起作用。当其他人在场时，哪怕是最温和的方式也可能引起被批评者的怨恨，不论是否辩解，他已感到他在同事或朋友面前丢了面子。对于一些过失，只要他认识到错了，就没有必要要求他当着所有人的面做公开检讨，而只要在你的办公室里，一个人面对面跟他谈，就足以使他反省了。任何具有上进心的人都不愿犯错误，从他个人角度来说也是如此，何况我们的目的只是为了让他改进工作，而不是贬低他的人格。

根据受批评者的不同反应可以将人分为迟钝型反应者、敏感型反应者、理智型反应者和强个性型反应者。反应迟钝的人即使受到批评了也满不在乎；反应敏感的人，感情脆弱，脸皮薄，爱面子，受到斥责则难以承受，他们会脸色苍白，神志恍惚，甚至会从此一蹶不振，意志消沉；具有理智的人在受到批评时会感到有很大的震动，能坦率地认错，从中汲取教训；具有较强个性的人，自尊心强，个性突出，“老虎屁股摸不得”，遇事好冲动，心胸狭窄，自我保护意识强，心理承受能力差，明知有错，也死要面子，受不了当面批评，并且也不会轻易改正其缺点。

针对不同特点的人要采用不同的批评方式，对自觉性较高者，应采用启发当事人做自我批评的方法；对于思想比较敏感的人，要采用暗喻批评法；对于性格耿直的人，采取直接批评法；对问题严重、所犯错误影响较大的人，应采取公开批评法；对思想麻痹的人应采取警示批评法。在进行批评时切忌方法单一，生搬硬套，应灵活掌握批评的方法。

正确的批评要求细致周到，恰如其分，普遍性的问题可以当面进行批评，对于个别现象就应个别进行。另外，也可以事先与之沟通，帮他提高认识，启发他进行自我对照，使他产生“矛头不集中于‘我’”的感觉，

含蓄批评开启人情账户

常言道："树要皮，人要脸。"有时候，人往往把自己的脸面看得比什么都重要，即使他明明知道自己错了，但在众人面前也要"死扛"面子。其实，这就是人的自尊心，每个人都有，每个人也都会碰到这样的事情。

所以，不论在什么场合，尤其是公众场合，不要与别人据理力争，哪怕你有一千个理由可以证明你是对的，也不要不顾一切地批驳对方，非要让对手心服口服。那样，他会感觉自尊受到伤害，与你"顽抗"到底，甚至从此记恨你一辈子。

这种情况下，最聪明的做法是：给他留有余地，让他不失体面地听从你。人都爱面子，你给他面子就是给他一份厚礼。有朝一日你求他办事，他自然要"给回面子"，即使他感到为难或感到不是很满意。这便是操作人情账户的全部精义所在。

1. 引起对方的兴趣

吴铭是个自尊心很强的同学，每次老师布置论文他都很认真地去写，成绩也相当出色。但有一次老师发现吴铭的论文内容不好，没有写出他真正理解的东西。怎么办呢？如果直截了当地说出来，会使吴铭非常难堪。于是老师心生一计，他把吴铭找来，绝口不提论文的事，而是问吴铭对什么最感兴趣，吴铭说最喜欢狗。

老师说："很凑巧，我也是个狗迷。"

接着，他们从各个角度谈起了狗，竟然谈了一个半小时。

到最后，吴铭说："我应该换个主题来写那篇论文，我差不多已经有了新的构想，就是刚才我们谈到的关于宠物的问题，我想我这次一定能把它写好。"

果然，吴铭的这篇论文从"宠物热"这一角度着手，分析了现代家庭问题，写得相当出色。

吴铭的老师没有直接告诉吴铭论文需要重写，而是采取了暗示的方式，从对方身上引出话题，让他畅谈，最终达到让他"自我否定、自我改善"的目的。这种指导方式既不至于使对方不愉快，还会激起他新的兴趣，让他充满自信心地改正缺点和错误，这是批评人的一个良好模式。

2. 用正面思考的方式

说话真是大有学问。例如，孩子的美术作品不够好，你不能说"你画坏了"，而要说，"是不是还能改进些？"当孩子做错题的时候，你最好别说"你错了"，要很委婉地讲："你检查一下，有没有照老师指导的方法去做？"

对于孩子，你永远不能伤害他的自尊，如果在孩子成长的过程中，你都能用正面思考的方式对待他，他将来也会以这种方式对待别人。相反，如果他从小接触的就是恶意的、否定的言词，他将来也会以"负面思考"来看这个世界。

批评也需讲究方式方法

批评的言语不同于赞美容易被人接受，因为它涉及一个人的心理、情绪、自尊心、思考状态等诸多因素。有时批评不当甚至会招致对方的怨恨。

所以，在批评的过程中，使用富有哲理的故事、双关语、形象的比喻等，以此缓解批评时的紧张情绪，启发批评者思考，从而增进相互间的感情交流，使批评不但达到教育对方的目的，同时也创造出轻松愉快的气氛。

1. 限定条件

有位名作家应邀到某学校演讲，时间安排在下午第一节课，又是大热天，是学生最爱打瞌睡的时候。他一上台，就声明说："在这闷热的午后，要各位听我这老头儿说话，一定会想打瞌睡，我想没关系，各位可以安心地睡。但是有两个原则要遵守：一是姿势要优雅，不可趴在桌上；二是不准打呼噜，以免干扰别人听讲。"语毕，全场哄然大笑，瞌睡虫一扫而空。

2. 请教式批评

有个人在一个禁捕的水库内网鱼。远处走来一位警察，捕鱼者心想这下糟了。警察走近后，出乎意料，不仅没有大声训斥，反而和气地说："先生，您在此洗网，下游的河水岂不被污染？"这情景令捕鱼者十分感动，连忙诚恳地道歉。若是警察当初责骂他，那效果就不一样了。

3. 启发式批评

启发式批评是针对对方的错误而言。错误的改正还是要靠对方“良知”的觉醒和对错误的充分认识。所以，高明的批评者，总是逐渐地“敲醒”对方，启发他做自我批评。

据某单位几位老同志反映，晚上住在机关宿舍楼上的青年同志不注意保持安静，老同志在楼下睡不好。党委书记和这些年轻人闲谈时，讲了一则笑话进行暗示：

有个老头神经衰弱，稍有响动，就很难入睡。恰好楼上住了一个经常上晚班的小伙。小伙子每天下班回家，双脚一甩，将鞋子“噔噔”踢下，重重地落在地板上，每次都将好不容易才入睡的老头惊醒。老头提了意见。当晚小青年下班回来，习惯性地把脚一甩，突然记起老头的话，于是轻轻脱下第二只鞋。第二天一早，老头埋怨小伙说：“你一次将两只鞋甩下，我还可以重新入睡，你留下一只不甩，害得我等你甩第二只鞋等了一夜。”

笑话说完，小青年们哄堂大笑之后，悟出了笑话的所指，以后就注意改正了。

无谓的批评要能省则省

是的，我们为什么去做那些没有必要的批评呢？我们千万不要忘了“过错”有两项基本的事实：第一，我们人人都犯错；第二，我们人人都比较乐于指出他人的错误，对于别人给我们指正却都是恨之入骨的。

世界上没有一个人会喜欢接受抱怨、批评或指正。当别人指着我们批评时，没有会不被激怒的。这一点恐怕没有人不明白。要刺伤一个人的自尊，只需告诉他，他做的决定很糟糕，他督导的计划失败了，或他的表现不够水准。就算批评得没有错，情况也不可能有所改善。

我们的批评有时是用来发泄不满，有时只是为了抱怨，有时甚至是通过斥责别人来抬高自己。这类批评正是人际关系常见的失败之一。

人不同于动物，从爱面子乃至维护自己做人的权利，都需要自尊和被他人尊重。自尊正是人生存和发展的支柱，是人克服各种困难，坚持不懈去取得成就的动力。而批评的最大弊端，就是容易伤害到别人的自尊。

我永远记得考上大学办户口时，那位办事员的嘴脸。那年高考我考得很差，刚刚达到录取分数线，勉强被一所小城市的极不出名的师范学院录取。平时踌躇满志的我，当时觉得极没脸见人，一提高考就耷拉着脑袋。去办户口时，那位办事员见我竟然从大城市跑到小城市去读书，就以蔑视的语气说：“你考了几分呀？”

当时，我听到这句话的感觉，就仿佛一颗子弹突然打中了我的心脏。我至今仍然对那位办事员说话的语气、神态记忆犹新。因为他的指责深深地刺伤了我的自尊心。

所以，做人不要动辄就批评别人，要试着了解他们，试着明白他们为什么会这样做，这比批评和斥责更有益处，也更有意义。当我们真正了解了别人之时，往往就会发现原来他们是值得原谅、值得同情的，这样我们也就更有自制力了。

如果在你要张口批评他人之时，先思考一下：这个批评必要吗？也许，你的人际关系就会比现在好许多。

善意的批评高效又悦人

要真正地帮助一个人离不开批评，但批评又容易伤到别人的尊严，引起反感，我们怎样才能做到两全其美呢？

实际上，批评而不引起反感的最有效方法就是：让对方觉得我们的批评是为了他好。

在好朋友之间，为了帮助他们，我们常常会大声地责备，有时甚至会痛骂，但他却并不生气，就是因为他知道我们这样做是为了他好。只要让人感觉到“我对你说这些是为了你好”，就能消除对方的抵触情绪。

曾有过这么两件事，反差巨大，却同样让我印象深刻。

我在某高校上成人教育辅导班时，有一次，一位老师冲进教室，以一种非常凶悍的口吻问道：“是谁的车堵住了车道？”

当我满怀歉意地回答：“是我……”并想张嘴解释时，这位老师吼道：“你马上给我开走，否则我就把它绑上铁链拖走。”

我是错了，车子不应该停在那儿，但我对这位老师的举止还是感到愤怒。

假如他友善一点地问：“车道上的车是谁的？”并建议说，“如果把它开走，那别的车就可以进出了。”我便知道他是为大家好，一定会乐意地接受的。

另外有一次，我上课接手机，任课老师狠狠训斥了我一顿。下课后，他却将我叫到办公室，问我：“你上课讲话我不管，学校会不会扣我的工资？”

我回答：“不会。”

“你上课打电话，我批评你，你跟我顶嘴，我生气还要死很多细胞，我不管你岂不更舒服？对我又没有损害，我何苦要让你恨我批评你呢？你说为什么？”

“是为了我好。”

够了，这样的对话自然很快地消除了我们之间的隔阂。

所以，如果你必须批评他人，请一定让他知道你的善意——我这样做是为你好！

绵里藏针式的批评也需妙招

如果对方犯的不是原则性错误，或者不是正在犯错误的现场，我们就没有必要“真枪实弹”地批评。我们可以不指名道姓，用较温和的语言，只点明问题；或者是用某些事物对比、影射，也就是平常所说的点到为止，起到一个警告作用。

但是，如果遇到自我意识差、依赖性强、不明说不行的人，也可以用严肃的态度、较尖锐的语言直接警告他。

春秋时期，秦国准备袭击郑国，军队走到魏国时，这个消息被郑国的商人弦高知道了。弦高原打算到周围做买卖，但他不忍自己国家蒙受损失，便打算劝秦国主将改变主意。

弦高如果以硬对硬，肯定会适得其反。于是他带了千张熟牛皮，赶了百头牛做礼物，犒赏秦军。他故作恭敬地说："我国国君听说您将行军经过敝国，已准备好粮草招待，还特地派我来犒劳您的军队。"

秦将一听这话便了解到郑国已对他们有所防备，不宜攻击，便打消了攻击郑国的念头。

弦高对秦国的警告收到了最佳的效果，即未动一兵一卒，保全了自己的国家。绵里藏针式的批评在这里发挥了极大的作用。

然而，人与人之间以和为贵，如果好话当作恶话说，即便不至于导致事业失败，至少也落个不会说话的骂名。假如你面对的听话对象是你的顶头上司，或是与你的事业兴衰成败密切相关的对手，那与他们说话就更应该讲究。

战国时，齐景公的一匹心爱的马突然死去，齐景公非常伤心，一定要杀掉马夫以解心头之恨。众位大臣一同劝阻齐景公不可为一匹马而滥用刑罚，而齐景公却已铁了心，说什么也不听劝告。

这时，相国晏婴走了出来，众臣都以为晏婴也有劝诫齐景公的意思，谁也没有料到，晏婴却明确地表态说：“这个可恶的马夫，该杀！”

齐景公十分高兴，就把那个心含冤屈的马夫喊来，听晏婴陈诉他的罪过。

晏婴历数马夫的三大罪状：“你不认真饲马，让马突然死去，这是第一条死罪；你让马突然死去，却又惹恼君主使君主不得不处死你，这是第二条死罪。”

听晏婴痛说马夫的前两条罪状，齐景公心中真是乐滋滋的。可晏婴话锋一转，说出了马夫的第三条罪状：“你触怒国君因一匹马杀死你，使天下人知道我们的国君爱马胜于爱人。因此天下人都会看不起我们的国家，这更是死罪中的死罪，罪不可赦！”

听晏婴陈述马夫的第三条罪状，齐景公开始还连连点头咧着嘴笑。当晏婴说到“使天下人知道我们的国君爱马胜过爱人”时，他张着的嘴却定在那里，脸也一阵红一阵白。晏婴又吆喝一声：“来人，按大王的意思还不推出去斩了！”这时齐景公如梦初醒，赶紧对晏婴说道：“相国息怒，寡人知错了。”

晏婴没有正面批评齐景公，却达到了劝谏救人的目的。可见，绵里藏针法的确效果不凡。在这样的场合中，一方面，该说的话不能不说，根本利益不能牺牲，原则不可放弃；但另一方面，关系又不可弄僵，彼此的面子与和气不能伤害。所以，这就需要首先承认对手的实力、地位、权威，甚至他的道理，然后突然插入你的话锋，你的话虽委婉动听，但实际上却是对对手彻底的否定。这种绵里藏针的口才比直来直去、当面锣对面鼓地否定他人效果要好得多，当然也需要你有更高的修养和智慧。

“绵里藏针法”的运用常常跟喂小孩子吃苦药的道理一样，要用糖衣包着药片，或者就着糖水送服，招数因人而异，窍门却一通百通。

顺人顺情巧解左右为难

养过宠物的人都知道，爱抚宠物最基本的方法就是顺着它的毛轻抚，每当主人有这个动作时，猫就会眯起眼，发出满足的叫声；狗就会快乐地摇尾巴，甚至回过身来舔你的手你的脸，作为对你的回应。

人其实也一样，喜欢别人顺“毛”摸。当然人身上没有宠物那样的毛，人的“毛”就是个性、情绪、思想观念。如果你能顺着对方的脾气去批评他，他非但不生怨气，还会对你十分友善。

1. 将答案变为两个

在批评或忠告他人的时候，要注意满足对方的自尊心。自尊心人皆有之，挫伤一个人的自尊心，往往会引起对方的执拗，甚至蛮横。相反，如果一个人的自尊心得到了满足，他也会变得宽容大度。

南北朝时期，王僧虔与南齐高帝萧道成都是书法高手。

一次两人打赌比赛书法。写完后，萧道成问王僧虔："朕与卿之书法，谁为第一啊？"对书法家王僧虔来说，这是个两难的问题，高帝练书法是业余爱好，而自己是专业书法家，违心地说高帝是第一，贬低自己不行；说自己是第一，得罪了皇上，说不定龙颜大怒，自己性命难保。事到临头，躲是不行了，只能歪曲根据，再立标准。

他向皇帝回禀："陛下，微臣的书法是臣子中的第一，而陛下您的书法是天子中的第一。"

面对左右为难的问题，书法家王僧虔巧妙地将标准从一个变成了两个，既不得罪皇帝，又没有贬低自己，可谓是一举两得。

2. 指出错时也指明对

大多数的批评者，往往是把重点放在指出对方错的地方，但不能清楚指明对的应怎么做。有的人批评时说："你非这样做不可吗？"这是一句废话。因为它没有实际内容，只是纯粹表示个人的不满。如一位丈夫埋怨妻子说："家里一团糟，又有客人要来，你怎么只顾在那儿化妆？"这种话也不会起作用，因为他只说了一半，没有说妻子应该做什么。

又如：小明每次接电话时都非常没礼貌："喂，谁呀？你找谁？"妈妈听了，及时纠正："不能这样接电话，这样说容易让人认为你没有礼貌。你应该说：'您好，请问是哪一位？'"这样批评，对方容易接受。既指明了错误所在，又指出了如何做才是对的，使对方有明确的改正目标。

以弦外之音达批评本意

朋友之间需要相互帮助，相互爱护。对朋友没有意见的人只能说他是迁就对方或不愿意开口。相处的时间长了，肯定会发现彼此的缺点和不足，找个适当的机会提出来，不仅不会影响朋友之间的感情，还会让人觉得你是真心朋友。

唐朝宰相张九龄与严挺之、萧诚是朋友，但严挺之性格刚直，与总说好话的讨人喜欢的萧诚合不来。李泌是著名政治家，张九龄经常请他到家中作客。

有一次，严挺之劝张九龄与萧诚断绝来往。

严挺之走后，张九龄对他的话考虑了很久，自言自语道：“严挺之爱顶撞人，有时真让人受不了；还是萧诚柔顺，惹人喜欢。”说完，马上派人去请萧诚。

李泌恰好在一旁听到，便直言不讳地责难宰相大人：“您原来是个普通的百姓，靠着为人正直才做到宰相，如今却变得只能听恭维话了吗？”

张九龄听了这话，如服了清凉剂，猛然醒悟，脸上露出严肃的神情，诚恳地向李泌表示感谢。

从此，张九龄称李泌是自己的朋友。

李泌对张九龄有深刻的了解，并敢于一针见血地指出他的缺点，促使张九龄幡然醒悟，并与他结为莫逆之交。

当然朋友之间的批评有时要讲究策略，特别是涉及到朋友的私事时，既要防止朋友因此误入歧途，又不能横冲直撞，甚至影响朋友之间的关系。

正确的批评要求细致周到、恰如其分，对于个别现象应特殊处理。另外，也可以事先与之谈话，帮他提高认识，启发他进行自我对照，主动认错。另外，还要避免粗暴的批评。

批评还要注意含蓄，应借用委婉、隐蔽、暗喻的方式，用弦外之意巧妙地表达本意，揭示批评的内容。

多谅解之心少批评之语

如果你率直地指出某一个人不对，不但得不到好的效果，而且还会造成很大的损害。你指责别人只是剥夺了别人的自尊，并且使自己成为不受欢迎的人。

“啪！”一只漂亮的小玻璃杯掉在地上，碎了。正在一起玩耍的幼儿园小朋友们都停止了游戏，看看王阿姨，又看看“肇事者”兰兰，谁都不敢吭声。

王阿姨见此，沉吟了片刻，微笑着说：“小朋友，我们做游戏时要小心，以后不要弄坏了玩具，好不好？”

“好！”小朋友们齐声说着，又蹦蹦跳跳地开始游戏了。

放学后，兰兰主动找到王阿姨，哭着鼻子说：“王阿姨，您真好，不像我妈总是骂我。我再也不会打坏东西了。”

王阿姨见状，忙替她擦干眼泪，抚摸着她的小脸蛋，亲切地说：“我们兰兰是个听话的好孩子，王阿姨怎么舍得骂你呢？再说你今天是不小心呀，以后注意一点，就不会了。”

从此以后，兰兰果然没有弄坏过东西，别的小朋友也没有。

当我们犯错误时，我们会对自己承认，如果别人以温和的方法来处理，我们亦会对他们认错，甚至觉得爽直坦白是很光荣的；但如果别人当众指责我们的过错，就会把事情扩大，而且有伤彼此的感情。还不如像王阿姨这样处理事情呢！这样对方会因为你维护了他的自尊而对你心存感激，同时你也是在鼓励他改正错误。这也是一种间接处理问题的方式，给对方一个缓冲余地。

比尔是一家工程公司的安全协调员，他的职责之一是监督在工地工作的员工戴上安全帽。他一碰到没有戴安全帽的人，就官腔官调地批评他们没有遵守公司的规定。员工虽然接受了他的批评，却满肚子的不高兴，常常在他离开以后，又把安全帽拿了下来。

于是他决定停止批评。当他发现有人不戴安全帽的时候，就问他们是不是戴起来不舒服，或者有什么不适合的地方。然后他以令人愉快的声调提醒他们，戴安全帽的目的是保护自己不受伤害，建议他们工作的时候一定要戴安全帽。结果遵守规定戴安全帽的人愈来愈多，而且没有造成怨恨或情绪上的不满。

被批评的人永远只会怪罪于他人，而绝不可能反躬自省、承认错误，其实每个人都有这种毛病。所以，当你想批评别人时，不妨想想这些活生生的案例，你将会发现一点：我们所要批评、责备的人，不论其是否有错，都将会执意强辩，为自己的行径寻找借口，甚至恶言反扑。

无论你采取什么方式指出别人的错误：一个蔑视的眼神，一种不满的腔调，一个不耐烦的手势，都有可能带来难堪的后果。你以为他会同意你所指出的吗？绝对不会！因为你否定了他的智慧和判断力，伤害了他的自尊心和感情。他非但不会改变自己的看法，还要进行反击。

永远不要说这样的话："看看吧！你会知道谁是谁非的。"这等于说："我会使你改变看法，我比你更聪明。"这实际上是一种挑战，在你还没有开始证明对方的错误之前，他已经准备迎战了。由于你的"不给面子"，他的反击也会毫不留情。

所以，我们要试着多去谅解别人，别再去批评他人，唯有如此，我们才能不受其弊，反受其利；唯有如此，我们才能提高员工的士气，增进和家人、朋友的感情，使我们所不愿看到的状况得到改善。